APERÇUS HISTORIQUES

SUR LE

DROIT ROMAIN

ET SUR

LE DROIT FRANÇAIS.

IMPRIMERIE DE PILLET JEUNE.

APERÇUS HISTORIQUES

SUR LE

DROIT ROMAIN

PAR GIBBON,

ET SUR L'ORIGINE DU DROIT FRANÇAIS

PAR FLEURY;

RECUEIL A L'USAGE DES ÉLÈVES DU COURS DE L'HISTOIRE
DU DROIT ROMAIN ET DU DROIT FRANÇAIS.

A PARIS,

CHEZ Mlle LELOIR, LIBRAIRE,

SUCCESSEUR DE M. DURAND,

Rue Saint-Jacques, n° 164, en face le Panthéon.

1821.

AVERTISSEMENT.

L'on a réuni dans ce Recueil deux Opuscules précieux pour l'Histoire du Droit Romain et du Droit Français. Le premier est extrait de *l'Histoire de la Décadence et de la Chute de l'Empire Romain*, par Gibbon, dont il forme le 44ᵉ chapitre. Le second est placé en tête de toutes les nombreuses éditions de l'Institution au Droit Français, par Argon ; il est du savant auteur de l'Histoire Ecclésiastique, du bon Fleury. L'on a cru faire une chose utile pour MM. les Étudians en Droit en leur offrant ainsi rapprochés deux morceaux qu'ils ne pourraient se procurer qu'en rassemblant une foule de volumes aussi dispendieux que difficiles à réunir.

APERÇU HISTORIQUE

DU

DROIT ROMAIN.

Le tems a réduit en poussière les vains trophées des victoires de Justinien ; mais le nom de ce législateur est gravé sur un monument plus noble et plus durable. C'est sous son règne et par ses soins qu'on réunit la jurisprudence dans trois ouvrages, le Code, les Pandectes et les Institutes (1). La raison publique des

---

(1) Les jurisconsultes des tems barbares ont établi une manière absurde et incompréhensible de citer les lois romaines, et l'habitude a perpétué cette méthode : lorsqu'ils renvoient au Code, aux Pandectes et aux Institutes, ils indiquent le numéro, non pas du *livre*, mais seulement de la *loi* : ils se contentent de rapporter les premiers mots du *titre* dont elle fait partie; et il y a plus de mille de ces titres. Ludewig, (*Vit. Justiniani, p.* 268), forme des vœux pour qu'on s'af-

Romains s'est répandue ou peu à peu, ou subitement dans les institutions domestiques de l'Europe (2) ; et des nations qui ne dépendaient pas de leur empire, ont encore du respect et de l'obéissance pour les lois de Justinien. C'est pour un prince un trait de sagesse ou de bonheur de lier sa réputation à l'honneur et à l'intérêt d'une classe d'hommes toujours subsistante. La défense de leur fondateur est la première cause qui, dans tous les siècles, exerce le zèle et l'esprit des Jurisconsultes. Ils rappellent avec respect ses vertus ; ils dissimulent ou ils nient ses défauts, et ils exercent une censure sévère contre les rebelles qui osent s'attaquer à la majesté de la pourpre.

---

franchisse de ce joug pédantesque ; et c'est dans ce dessein que j'ai osé citer le livre, le titre et la loi.

(2) L'Allemagne, la Bohême, la Hongrie, la Pologne et l'Ecosse les ont adoptées comme la loi ou la raison commune : en France, en Italie, etc. elles ont une influence directe ou indirecte ; on les a suivies en Angleterre, depuis Etienne jusqu'à Edouard Ier, le Justinien de la Grande-Bretagne. Duck *(de Usu et auctoritate juris civilis*, l. 2, c. 1,8—15*)*. Heineccius *(Hist. Juris Germanici*, c. 3, 4, n° 55—124*)*, et les historiens de la loi de chaque pays.

L'idolâtrie de leur amour a fait naître des oppositions, ainsi qu'on le voit d'ordinaire : la véhémence aveugle de la flatterie et de la haine s'est emparé du caractère de Justinien; et la secte des *Anti-Triboniens* en est venu au point de refuser toute espèce d'éloges et de mérite à ce prince, à ses ministres et à ses lois (3). Je ne suis attaché à aucun parti; je ne m'intéresse qu'à la vérité et à la bonne foi de l'histoire : dirigé par les guides les plus modérés et les plus savans (4), ce n'est

---

(3) François Hotman, jurisconsulte du seizième siècle, qui avait du savoir et de la pénétration, voulait mortifier Cujas et plaire au chancelier de l'Hôpital. Son *Antitribonianus*, que je n'ai jamais pu me procurer, fut publié en français, l'an 1609; et sa secte s'est répandue en Allemagne. Heineccius, *Opp.* t. 3, *Sylloge* 3, p. 171—183.

(4) A la tête de ces guides, je place, avec les égards qui lui sont dus, le savant et habile Heineccius, professeur allemand, qui mourut à Halle en 1741. Voyez son éloge dans la nouvelle bibliothèque Germanique (t. 2, p. 51—64). Ses nombreux ouvrages ont été recueillis en 8 vol. *in-4°*. Genève 1743—1748. Les traités séparés, dont j'ai surtout fait usage, sont I. *Historia juris romani et germanici*, Lugd. Batav. 1740, *in-8°*. II *Syntagma antiquitatum romanam jurisprudentiam illustrantium*, 2 vol. *in-8°*. Traject. ad

cependant qu'avec une juste défiance que je
vais parler des lois civiles des Romains, sujet
qui a consumé les jours de tant d'habiles jurisconsultes, et garni les vastes murs d'un si
grand nombre de bibliothèques. Je suivrai dans
un tableau qui ne sera pas d'une très-longue
étendue, la jurisprudence romaine, depuis
Romulus jusqu'à Justinien (5); j'apprécierai les
travaux de cet empereur, et je m'arrêterai pour
examiner les principes d'une science qui im-
porte si fort à la paix et au bonheur de la
société. Les lois d'un peuple forment la portion la plus instructive de son histoire; et
quoique je me sois dévoué à la composition

Rhenum. III. *Elementa juris civilis secundum ordinem ins-
titutionum*, Lugd. Batav. 1751, *in-8°.* IV. *Elementa
J. C. secundum ordinem Pandectarum*, Traject. 1772,
2 v. *in-8°.*

(5) Le précis de cette histoire se trouve dans un fragment
de Origine juris. (Pandect. l. 1, tit. 2,) de Pomponius, jurisconsulte de Rome, qui vivait sous les Antonins. (Heineccius,
t. 3, *Syll.* 3, p. 66—126.) Il a été abrégé et vraisemblablement altéré par Tribonien, et rétabli par Bynkershoek
(*Opp.* t. 1, p. 279—304).

des annales de l'empire dans sa décadence, je saisirai cette occasion de respirer encore l'air pur et fortifiant de la république.

Le gouvernement primitif de Rome (6) annonce quelque habileté dans sa formation : il était composé d'un roi électif, d'un conseil de nobles, et d'une assemblée générale du peuple. Le Roi, magistrat suprême, était chargé de tout ce qui avait rapport à la guerre et à la religion : seul, il proposait les lois qu'on discutait au sénat, et qui étaient enfin ratifiées ou rejetées, à la pluralité des voix, dans les trente curies ou paroisses de la ville. Romulus, Numa et Servius Tullius sont les plus anciens législateurs de Rome, et chacun d'eux a des droits particuliers à l'une des trois divisions générales de la jurisprudence (7). On attribue à la sagesse de Romulus, qui n'eut

______

(6) On peut aussi étudier l'histoire du gouvernement de Rome sous les rois dans Tite-Live et dans Denis d'Halycarnasse (l. 2, p. 80—96, 119—130 ; l. 4, p. 198—220), qui est plus détaillé, mais qui laisse apercevoir quelquefois le rhéteur et le Grec.

(7) Juste Lipse (*Opp.* t. 4, p. 279), a appliqué aux trois rois de Rome ces trois divisions générales de la loi civile. Gravina (*Origines juris civilis*, p. 28, édit. Lips. 1737)

point de guide, les lois sur le mariage, sur l'éducation des enfans et l'autorité paternelle, qui paraissent tirer leur origine de la nature elle-même. Numa disait avoir reçu de la nymphe Egérie, dans des entretiens nocturnes, les lois sur le droit des gens et le culte religieux qu'il introduisit. Servius établit les lois civiles d'après son expérience ; il balança les droits et les fortunes des six classes de citoyens ; et il assura, par cinquante nouveaux réglemens, l'exécution des contrats et le châtiment des crimes. L'Etat, qu'il avait incliné vers la démocratie, se changea en despotisme arbitraire sous le dernier des Tarquins ; et, lorsque la fonction de Roi fut abolie, les patriciens usurpèrent toute l'autorité. Les lois royales devinrent odieuses ou tombèrent en désuétude : les prêtres et les nobles conservèrent en silence ce dépôt mystérieux; et, soixante années après, les citoyens de Rome se plaignaient toujours d'être gouvernés par la sentence arbitraire des magistrats. Au reste, les institutions positives des rois s'étaient mêlées aux mœurs publiques et privées

---

adopte cette idée, que Mascou, son éditeur allemand, n'admet qu'avec répugnance.

de la ville : les antiquaires ont publié (8) quelques fragmens de cette jurisprudence respectable (9), et plus de vingt textes nous font connaître encore la grossièreté de l'idiome pélasgique des Latins (10).

---

(8) Terrasson, *Histoire de la jurisprudence romaine*, (p. 22—72, Paris, 1750, *in-folio*), annonce avec emphase qu'il va rétablir ces premières lois de Rome; mais son ouvrage est faible, et promet plus qu'il ne tient.

(9) Le plus ancien Code ou Digeste fut appelé *Jus Papirianum*, du nom de Papirius qui le compila, et qui vivait, dit-on, un peu avant ou un peu après le *refugium*. (*Pandect*, l. 1, tit. 2.) Les meilleurs critiques, Bynkershoek, (t. 1, p. 284, 285), et Heineccius (*Historia J. C. R.* l. 1, c. 16, 17, et *Opp.* t. 3, *Sylloge* 4. p. 1—8), ajoutent foi à ce conte de Pomponius, sans faire assez d'attention à la valeur et à la rareté d'un pareil monument du troisième siècle, d'une ville *ignorante*. Je soupçonne beaucoup que Caïus Papirius, *pontifex maximus*, qui fit revivre les lois de Numa, (Denys d'Halycarnasse, l. 3, p. 171), ne laissa qu'une tradition orale, et que le *Jus Papirianum*, de Granius Flaccus, (Pandect. l. 50, tit 16, 144), n'était pas un commentaire, mais un ouvrage original, compilé au tems de César. Censorin, *de Die Natali*, l. 3, p. 13. Duker, *de Latinitate J. C. p.* 157.

(10) En 1444, on tira du sein de la terre sept à huit tables d'airain, entre Crotone et Gubio. Une partie de ces

Je ne répéterai pas l'histoire si connue des Décemvirs (11), qui souillèrent par leurs actions l'honneur de graver sur l'airain, le bois et l'ivoire, les Douze-Tables des lois romaines (12).

---

tables(le reste est en caractères étrusques) représent el'état primitif des caractères et de la langue des Pélasges, qu'Hérodote attribue à ce canton de l'Italie (l. 1, c. 56, 57, 58). Au reste, on peut expliquer ce passage difficile d'Hérodote, en disant qu'il a rapport à Crestona, ville de la Thrace (Notes de Larcher, t. 1, p. 256—261). Le dialecte sauvagedes tables Eugubines a exercé les conjectures des critiques, et il est loin d'être éclairci; mais ses racines sont indubitablementlatines, de la même époque et du même caractère que le *saliare carmen*, que personne ne comprenait au tems d'Horace. L'idiome Romain ayant reçu des mots du Dorique et de l'Eolien des Grecs, devint peu à peu le style des Douze-Tables, de la colonne Duilienne, d'Ennius, de Térence et de Cicéron. Gruter, *inscript.* t. 1, p. 192. Scipion, Maffei *Historia diplomatica*, p. 241—258. *Bibliothèque italique*, t. 3, p. 30—41, 174—205; t. 14, p. 1—52.

(11) Comparez Tite-Live (l. 3, c. 31—59) avec Denys d'Halycarnasse (l. 10, p. 644—xi, p. 591), que l'auteur romain est concis et animé, et comme l'auteur grec est prolixe et sans vie! Denys d'Halycarnasse, toutefois, a jugé d'une manière admirable les grands maîtres, et expose habilement les règles de la composition historique.

(12) Heineccius (*Hist. J. R.* l. 1, n. 26) dit que les Douze-Tables étaient d'airain *œreas.* On lit *eboreas* dans le texte

L'esprit sévère et jaloux d'une aristocratie, qui avait cédé avec répugnance aux justes réclamations du peuple, dicta ces lois. Mais le fond des Douze-Tables fut calculé d'après la situation où se trouvait alors la ville ; et les Romains étaient sortis de la barbarie, puisqu'ils pouvaient étudier et adopter les institutions des peuples voisins qui avaient plus de lumières qu'eux. Le sage Hermodore, citoyen d'Ephèse, avait été chassé de sa patrie par les envieux : lorsqu'il arriva aux côtes du Latium, il avait observé les diverses formes de la nature humaine et de la société civile ; il communiqua ses lumières aux législateurs de Rome, et on lui éleva une statue dans la place publique (13). Les noms et les divisions des pièces de cuivre, seule monnaie des premiers tems de Rome, venaient de la Dorique (14) : les récoltes de la Campanie

---

de Pomponius ; et Scaliger a substitué à ce mot celui de *roboreas* (Bynkershock, p. 286). On a pu employer successivement le bois, l'airain et l'ivoire.

(13) Cicéron (*Tusculan. quæst.* v. 36) parle de l'exil de Hermodore. Pline (*Hist. nat..* xxxiv, 11), parle de sa statue. La lettre, le songe et la prophétie de Héraclite sont supposés. *Epist. Græc. Divers.* p. 33.

(14) Le docteur Bentley (*Dissertation sur les épîtres de*

et de la Sicile fournissaient à la subsistance d'un peuple chez qui la guerre et les factions interrompaient souvent la culture ; et depuis l'établissement du commerce étranger (15), ceux qui appareillaient de l'embouchure du Tibre pouvaient rapporter à Rome les lumières des autres nations sur l'administration des états. Les colonies de la Grande Grèce avaient transplanté et perfectionné en Italie les arts de leur métropole. Cumes et Rhégium, Crotone et Tarente, Agrigente et Syracuse étaient au nombre des villes les plus florissantes. Les disciples de Pythagore appliquèrent la philosophie à la pratique des gouvernemens ; les lois orales de Charondas empruntèrent le secours de la poésie et de la musique (16) ; et Zaleucus établit la

----

Phalaris, p. 427—479), discute habilement tout ce qui a rapport aux monnaies de Sicile et de Rome, sujet très-obscur. L'honneur et le ressentiment l'excitaient à déployer tout son esprit dans cette controverse.

(15) Les navires des Romains ou de leurs alliés allèrent jusqu'au Bea, promontoire de l'Afrique. (Polybe, l. 3, p. 177, édit. de Casaubon *in-folio.*) Tite-Live et Denys d'Halycarnasse parlent de leurs voyages à Cumes, etc.

(16) Ce fait prouverait seul l'antiquité de Charondas, qui donna des lois à Rhégium et à Catane : c'est par une étrange

république des Locriens, qui subsista plus de deux siècles sans altération (17). Tite-Live et Denys d'Halycarnasse, séduits l'un et l'autre par l'orgueil national, veulent croire que les députés de Rome se rendirent à Athènes, sous l'administration sage et brillante de Périclès, et que les lois de Solon se répandirent dans les Douze-Tables. Si les *barbares* de l'Hespérie avaient envoyé des ambassadeurs à Athènes, le nom romain eût été familier aux Grecs avant le règne d'Alexandre (18), et la curiosité des

---

méprise que Diodore de Sicile (t. 1, l. 12, p. 485—492), lui attribue l'institution politique de Thurium, laquelle est bien postérieure.

(17) Zaleucus, dont on a contesté l'existence avec si peu de raison, eut le mérite et la gloire de faire d'un ramas de proscrits (les Locriens), la république la plus vertueuse et lamieux ordonnée de la Grèce. Voyez deux mémoires de M. le baron de Sainte-Croix, sur la législation de la Grande-Grèce (*Mém. de l'Acad. des Inscriptions*, t. 42, p. 276—333). Mais les lois de Zaleucus et de Charondas, qui en ont imposé à Diodore et à Stobée, ont été fabriquées par un sopiste pythagoricien, dont la supercherie a été découverte par la sagacité de Bentley (p. 335—377.)

(18) Je saisis cette occasion pour indiquer le progrès des communications entre Rome et la Grèce : 1°. Hérodote et Thu-

tems postérieurs aurait recherché et proclamé
le plus léger témoignage sur ce point si important. Mais rien ne l'annonce dans les monumens d'Athènes ; et il est difficile de croire
que des Patriciens eussent entrepris une longue
et périlleuse navigation, pour copier le modèle
le plus parfait de la démocratie. Si on rapproche
les tables de Solon de celles des Décemvirs,
on peut y trouver quelque ressemblance pro-

---

cydide (A. U. C. 300—350) paraissent ignorer le nom et
l'existence de Rome. (Joseph *contra Appion*, t. 2 , l. 1 , c. 12,
p. 444, édit. de Havercamp). 2°. Théopompe (A. U. C. 400,
Pline III, 9) , parle de l'invasion des Gaulois, dont Héraclide
de Pont fait mention d'une manière plus vague (*Plutarque, in
Camillo,* p. 292, édit. H. Etienne). 3°. L'ambassade réelle ou
fabuleuse des Romains auprès d'Alexandre (A. U. C. 430), est
attestée par Clitarque (Pline III, 9), par Aristus et Asclé-
piades (Arrien, l. 7, p. 294, 295); et par Memnon de Hé-
raclée (*apud Phocium,* Cod. ccxxiv, p. 725), quoique Tite-
Live n'en parle pas. 4°. Théophraste (A. U. C. 440), *primus
externorum aliqua de Romanis diligentius scripsit* (Pl. III, 9).
5°. Lycophron (A. U. C. 480—500) a répandu la première
idée d'une colonie de Troyens et de la fable de l'Énéide.
Cassandre, 1226—1280.

Γης και βαλασσης σκητρα και μοναρχιαν
Λαϐοντες.

Prédiction hardie avant la fin de la première guerre punique

duite par le hasard ; quelques-unes de ces règles
que la nature et la raison inspirent à chaque
société ; quelques preuves de l'origine commune
des deux nations , qui descendaient peut-être
de l'Egypte ou de la Phénicie (19) ; mais dans
les grands traits de la jurisprudence publique
et privée , les législateurs de Rome et d'Athènes
paraissent étrangers ou opposés les uns aux
autres.

Quelle que soit l'origine ou le mérite des
Douze-Tables (20) , les Romains leur prodi-
guèrent ce respect aveugle et partial , dont les
jurisconsultes de tous les pays se plaisent à

---

(19) La dixième table (*de Modo sepulturæ*) fut emprun-
tée de Solon (Cicéron, *de Legibus*, 11, 23—23) : le *Furtum per lancem et licium conceptum*, vient, si l'on en croit
Heineccius , des mœurs d'Athènes (*Antiquitat. Rom.* t. 2 ,
p. 167—175). Moïse, Solon et les Décemvirs permirent de
tuer un voleur nocturne. (Exode xxii , 3. Démosthènes,
contra Timocratem, t. 1 , p. 736 , édit de Reiske. Macrob,
Saturnalia, 1. 2, c. 4. *Collatio legum mosaïcarum et romanarum*, tit. 7 , nᵒ 1 , p. 218 , édit. Cannegieter.)

(20) Βραχιως και απεριττως : tel est l'éloge qu'en fait
Diodore (t. 1, l. 12, p. 494), et qu'on peut traduire
par *l'eleganti atque absolutá brevitate verborum* , d'Aulu-
Gelle (*Noct. Attic.* xxi , 1).

environner les institutions de leur patrie. Cicéron (21) recommande de les étudier. « Elles
» amusent, dit-il, par le souvenir des vieux
» mots et le tableau des anciennes mœurs ; on
» y trouve les principes les plus sains du gou-
» vernement et de la morale ; et je ne crains pas
» d'affirmer que dans cet abrégé, extrait des Dé-
» cemvirs, se trouve plus de valeur que dans tous
» les livres de la philosophie grecque. — Que la
» sagesse de nos ancêtres est admirable ! ajouta-
» t-il avec un enthousiasme véritable ou feint ;
» nous excellons seuls dans la législation, et
» notre supériorité paraîtra bien plus frap-
» pante, si nous daignons jeter les yeux
» sur la jurisprudence grossière et presque
» ridicule de Dracon, de Solon et de Lycur-
» gue. » Les Douze-Tables furent confiées à la
mémoire des jeunes gens et à la méditation
des vieillards ; elles furent copiées et développées avec beaucoup de soin : elles avaient échappé
à l'incendie allumé par les Gaulois ; elles sub-
sistaient au tems de Justinien ; elles se sont
perdues depuis ; mais, à force de travaux, les

---

(21) Écoutez Cicéron (*de Legibus*), 1 1 23 ; et Crassus,
qu'il fait parler (*de Oratore*, 1, 43, 44).

critiques modernes les ont rétablies d'une manière imparfaite (22). Quoique ce monument
respectable fût regardé comme la règle du droit
et la source de la justice (23), la variété des
nouvelles lois, qui, après une révolution de
cinq siècles, devinrent un mal plus insuppor-
table que les vices de Rome (24), le firent
disparaître. Le Capitole renfermait trois mille
tables d'airain, qui contenaient les actes du
sénat et du peuple (25); et quelques-uns de ces
actes, tels que la loi Julia contre les extorsions,

------

(22) Voyez Heineccius *(Hist. J. R.* n°. 29—33*).* J'ai
suivi les Douze-Tables, telles qu'elles ont été restaurées par
Gravina (*Origines J. C.* p. 280—307), et par Terrasson;
(Hist. de la jurisprudence Romaine, p. 94—205).

(23) *Finis æqui juris* (Tacite, *Annales* III, 27). *Fons
omnis publici et privati juris* (Tite-Live, III, 34).

(24) *Principiis juris, et quibus modis ad hanc multitu-
dinem infinitam ac varietatem legum perventum sit* ALTIUS
disseram (Tacite, *Annales* III, 25). Cette discussion n'occupe que deux pages, mais ce sont des pages de Tacite.
Tite-Live disait, avec le même sens, mais avec moins d'é-
nergie (III, 34) : *In hoc immenso aliarum super alias
acervatarum legum cumulo,* etc.

(25) Sutéone, *in Vespasiano,* c. 8.

avaient plus de cent chapitres (26). Lorsqu'un Locrien proposait une nouvelle loi, il se présentait à l'assemblée du peuple la corde au cou ; si la loi était rejetée, on étranglait sur-le-champ le novateur, mais les Décemvirs n'eurent garde d'adopter cette institution de Zaleucus, qui cependant maintint si long-tems l'intégrité de sa république.

Une assemblée des Centuries, où la fortune prévalait sur le nombre, avait nommé les Décemvirs et approuvé leurs Tables. La première classe des Romains, composée de ceux qui possédaient cent mille livres de cuivre (27), se trouva

---

(26) Cicéro *ad Familiares*, VIII, 8.

(27) Denys, Arbuthnot et la plupart des modernes (si on en accepte Eisenschmidt (*de Ponderibus*, etc. p. 137 — 140), disent que les 100,000 *asses* valaient dix mille drachmes attiques, ou un peu plus de huit cents francs. Mais leur calcul ne put s'appliquer qu'aux derniers tems, lorsque l'*as* n'était plus qu'un vingt-quatrième de son ancien poids ; et je ne puis croire que, dans les premiers siècles de la république, malgré la rareté des métaux précieux, une once d'argent ait valu 140 marcs de cuivre ou d'airain. Il est plus simple et plus raisonnable d'évaluer le cuivre à son taux actuel ; et quand on aura comparé le prix de la monnaie et le prix du marché, la livre romaine et la livre avec du poids, on trouvera que l'*as* primitif, ou une livre de cuivre, peut

avoir quatre-vingt-dix-huit voix , et il n'en
restait que quatre-vingt-quinze aux six classes
inférieures , classées d'après leur fortune par
les combinaisons artificieuses de Servius. Mais
les tribuns établirent bientôt une maxime plus
spécieuse et plus populaire ; ils soutinrent que
le droit des citoyens de faire les lois qu'ils
devaient suivre était le même pour tous. Au
lieu des comices par *centuries*, ils assem-
blèrent les comices par *tribus*, et les patriciens , après de vains efforts , se soumirent
aux décrets d'une assemblée où leurs suffrages
se trouvaient confondus avec ceux des plus vils
plébéiens. Mais tant que les tribus passèrent
l'une après l'autre sur *les petits ponts* (28) ,

être évalué à un franc qu'ainsi les 100,000 *asses* de la
première classe valaient 100,000 francs. Il résultera des
mêmes calculs qu'un bœuf se vendait à Rome 120 francs ;
un mouton, 10 francs, et un *quarter* de blé, 30 francs.
(Festus, p. 330, édit. Dacier. Pline, *Hist. Nat.* , XVIII, 4)
Je ne vois aucune raison de ne pas admettre les conséquences qui modèrent nos idées sur la pauvreté des premiers
Romains.

(28) Consultez les auteurs qui ont écrit sur les comices
romains, et en particulier Sigonius et Beaufort. Spanheim
(*de Præstantiá et Usu Numismatum*, t. 2, Dissert. X,

et qu'elles donnèrent leur suffrage à haute voix, aucun des citoyens ne put dérober sa conduite aux yeux de ses amis et de ses compatriotes. Le débiteur insolvable se conformait aux vœux de son créancier ; le client aurait rougi de s'opposer aux vues de son patron : le général était suivi de ses vieux soldats, et l'aspect d'un grave magistrat entraînait la multitude. L'établissement du scrutin abolit l'influence de la crainte et de la honte, de l'honneur et de l'intérêt ; et l'abus de la liberté accéléra les progrès de l'anarchie et du despotisme (29). Les Romains avaient demandé l'égalité ; la servitude les mit tous de niveau ; et le consentement formel des tribus ou des centuries ratifiait les volontés d'Auguste. Une fois, une seule fois ! il rencontra une sincère et vigoureuse opposition. Ses sujets avaient renoncé à toute espèce de liberté domestique, mais ils défendaient leur liberté politique : une loi

---

p. 192, 193), offre une médaille curieuse où on voit les *Cista*, les *Pontes*, les *Septa*, le *Diribitor*, etc.

(29) Cicéron (*de Legibus*, iii, 16, 17, 18), discute cette question constitutionnelle, et donne à son frère Quintus le côté le moins populaire.

qui renforçait l'obligation et les liens du mariage fut rejetée d'une manière bruyante; Properce, dans les bras de Délie, s'applaudit du
triomphe du libertinage; et, pour s'occuper de
cette réforme, on attendit une génération plus
traitable (30). L'habile usurpateur n'avait pas
besoin de cet exemple pour sentir les inconvéniens des assemblées populaires; et leur abo-
lition qu'il avait préparée en silence se fit sans
opposition, et presque sans être remarquée, à
l'avénement de son successeur (31). Soixante
mille législateurs plébéïens, que leur nombre
et leur pauvreté rendaient redoutables, furent
supplantés par six cents sénateurs, qui tenaient
leurs dignités, leur fortune et leur vie de la
clémence de l'empereur.

Le sénat avait perdu le pouvoir exécutif : afin
de le dédommager, on lui donna l'autorité lé-

----

(30) *Præ tumultu recusantium perferre non potuit.* (Suétone, *in August.*, c. 34.) Voyez Properce, l. 11, éleg. 6.
Heineccius a épuisé, dans une histoire particulière, tout ce
qui a rapport aux lois *Julia* et *Pappia Poppæa.* (Opp. t. 7,
P. 1, p. 1 — 479.)

(31) Tacite, *Annales* 1, 15. Lipsius, *Excursus E in
Tacitum.*

gislative ; et Ulpien a dit avec raison, après une expérience de deux siècles, que les décrets de de ce corps avaient la force et la validité des lois. Dans les tems de liberté, la passion ou l'erreur d'un moment ont souvent dicté les résolutions du peuple : un seul homme, d'après les désordres qui régnaient alors, établit les lois Cornelia, Pompeia et Julia ; mais le sénat, sous le règne des Césars, était composé de magistrats et de jurisconsultes, et la crainte ou l'intérêt corrompirent rarement la droiture de leur jugement dans les questions de droit privé (32).

Les magistrats qui avaient les *honneurs* de l'état, suppléaient au silence et à l'ambiguité des lois par leurs ÉDITS particuliers (33). Les consuls et les dictateurs, les censeurs et les

---

(32) *Non ambigitur senatum jus facere posse*. Telle est la décision d'Ulpien, (l. 16 , *ad edict. in Pandect.* , l. 1 , tit. 3 , leg. 9.) Pomponius dit que les comices du peuple étaient une *turba hominum*. (Pandect. , l. 1 , tit. 2 , leg. 9.)

(33) Le *Jus honorarium* des préteurs et des autres magistrats est défini d'une manière précise dans le texte latin des Institutes, (l. 1, tit. 2 , nº 7.) La paraphrase grecque de Théophile (p. 33 — 38 , édit. de Reitz), qui laisse échapper le mot important *honorarium*, l'explique d'une manière plus vague.

préteurs, chacun selon leur emploi, exercèrent
cette antique prérogative des rois de Rome ; et
les tribuns du peuple, les édiles et les procon-
suls s'arrogèrent un droit pareil. L'officier chargé
du gouvernement proclamait ses intentions et
les devoirs des sujets dans la capitale et les provinces ; et les édits que donnait chaque année
le magistrat suprême, le préteur de la ville, ré-
formaient la jurisprudence civile. Dès qu'il mon-
tait sur son tribunal, il annonçait par la voix
du crieur, et faisait inscrire sur une muraille
blanche les règles qu'il se proposait de suivre dans
la décision des cas douteux, et les adoucisse-
mens que son équité apporterait à la rigueur
précise des anciens statuts. La république adopta
de cette manière un principe qui laissait une
grande latitude au pouvoir du magistrat, et
qui eût ainsi été plus conforme à une monarchie
qu'à une démocratie. Les préteurs perfection-
nèrent peu à peu l'art, en respectant le nom des
lois, de se soustraire à leur efficacité. Afin d'é-
luder l'expression claire et simple des décemvirs,
on inventa des subtilités et des fictions ; et, lors
même que le but de ces interprétations se trouvait salutaire, les moyens étaient souvent ab-
surdes. On laissait prévaloir sur l'ordre des successions et la forme des testamens, les vœux

secrets ou présumés des morts ; et il était indif-
férent à celui qui prétendait à la qualité d'héritier de recevoir les biens de son parent ou
de son bienfaiteur, d'après la teneur précise de
la loi, ou de la tenir de l'indulgence du magistrat. Lorsqu'il s'agissait de donner réparation
d'une injure privée, on substituait des com-
pensations et des amendes à la rigueur de la
loi des Douze-Tables, et des suppositions imaginaires anéantissaient le tems et l'espace ; le
prétexte pour la jeunesse de la fraude ou de la violence annulait l'obligation d'un contrat onéreux. Une juridiction si vague et si arbitraire était
sujette aux abus les plus dangereux. On sacri-
fiait souvent la substance et les formes de la
justice aux préventions de la vertu, aux dispositions favorables qu'inspirait un attachement
digne d'estime, et aux séductions plus grossières
de l'intérêt et du ressentiment. Mais les erreurs
et les vices de chaque préteur expiraient avec
son office au bout d'une année ; ses successeurs
n'adoptaient que les maximes approuvées par la
raison et par l'usage : la solution des cas nouveaux fixait les règles de la procédure ; et la loi
Cornelia, en forçant le préteur en exercice
d'adhérer à la lettre et à l'esprit de la première
proclamation, écartait les tentatives de l'injus-

tice (34). Il était réservé aux soins et aux lumières d'Adrien d'exécuter le plan qu'avait conçu le génie de César ; et la composition de l'ÉDIT PERPÉTUEL a immortalisé la préture de Salvius Julien, habile jurisconsulte. L'empereur et le sénat ratifièrent ce Code rédigé avec soin ; il mit fin à ce divorce de la loi et de l'équité qui subsistait depuis si long-tems ; et l'édit perpétuel, remplaçant les Douze-Tables, devint la règle invariable de jurisprudence civile (35).

---

(34) Dion Cassius (t. 1, l. 36, p. 100), fixe à l'an de Rome 686 l'époque des édits perpétuels ; cependant, selon les *Acta diurna* qu'on a publiés d'après les papiers de Ludovicus Dives, leur institution est de l'année 585. Pighius (*Annal. rom.*, t. 2, p. 377, 378) ; Grævius (*ad Sueton.*, p. 778) ; Dodwell (*Prælection. Campden*, p. 665) ; et Heineccius, soutiennent et admettent l'authenticité de ces actes ; mais le mot de *scutum cimbricum* qu'on y trouve prouve qu'ils ont été fabriqués. Moyle's *Works*, vol. 1, p. 303.

(35) Heineccius (*Opp.*, t. 7, p. 2, p. 1 — 564), a restauré le texte de l'édit perpétuel : j'ai tiré ce que j'en ai dit des ouvrages de cet habile jurisconsulte, dont les recherches doivent inspirer une extrême confiance. M. Bouchaud a donné, dans le Recueil de l'Académie des Inscriptions, une suite de Mémoires sur ce point intéressant de littérature et de jurisprudence.

Depuis Auguste jusqu'à Trajan, les modestes Césars se contentèrent de publier leurs édits en qualité de magistrats romains; et le sénat, plein d'égards, insérait dans ses décrets les lettres et les discours du prince. Il paraît qu'Adrien fut le premier (36) qui s'arrogea ouvertement la plénitude du pouvoir législatif; la patience de son siècle, et sa longue absence de Rome, autorisèrent cette innovation si analogue à l'activité de son esprit. Ses successeurs adoptèrent la même politique; et, selon la métaphore un peu sauvage de Tertullien, « la hache des édits et des rescrits de l'em» pereur éclaircit la forêt sombre et épineuse » des anciennes lois (37). » Depuis Adrien jusqu'à Justinien, c'est-à-dire, dans un inter-

---

(36) Ses lois sont les premières du Code. Voy. Dodwell, (*Prælect. Cambden*, p. 319—340), qui s'écarte de son sujet pour étaler une littérature confuse, et soutenir de faibles paradoxes.

(37) *Totam illam veterem et squallentem sylvam legum novis principalium rescriptorum et edictorum securibus ruscatis et ceditis.* (*Apologet.*, c. 4, p. 50, édit. de Havercamp.) Il loue ensuite la fermeté de Sévère, qui révoqua les lois inutiles ou pernicieuses, sans aucun égard pour leur ancienneté ou pour le crédit qu'elles avaient obtenu.

valle de quatre siècles, la volonté du souverain fut la règle de la jurisprudence publique et privée ; et on ne laissa sur leurs anciennes bases qu'un très-petit nombre des institutions civiles et religieuses. La barbarie de ces époques de ténèbres, et la terreur qu'inspirait un despotisme armé, ont caché le commencement du pouvoir législatif des empereurs ; et la bassesse, ou peut-être l'ignorance des gens de loi, qui espéraient leur fortune des cours de Rome et de Byzance, ont propagé une double fiction sur ce point. 1° Les anciens Césars avaient demandé quelquefois qu'on les affranchît des devoirs et des peines ordonnés par certains statuts : le sénat et le peuple y avaient consenti ; et chacune de ces faveurs était un acte de juridiction que la république exerçait sur le premier de ses citoyens. L'humble privilége obtenu par les empereurs devint la prérogative d'un tyran ; et on supposa que l'expression latine *legibus solutus* (exempté des lois) (38), mettrait le prince au dessus

---

(38) Dion Cassius, par mauvaise foi ou par ignorance, se méprend sur la signification de *legibus solutus* (t. 1, l. 53, p. 713). Reimar, son éditeur, rappelle à cette occasion tout

de toutes les lois , et ne lui laissait que sa
conscience et sa raison pour règles de sa conduite. 2° Les décrets du sénat qui , à chaque
règne, fixaient les titres et les pouvoirs d'un
prince électif, annonçaient aussi la dépendance
des Césars ; et ce ne fut qu'après la corruption des idées , et même de la langue des
Romains, qu'Ulpien, ou plus vraisemblablement
Tribonien lui-même (39) , imagina et la loi
royale (40) et une cession irrévocable de la
part du peuple. Alors on défendit , d'après les
principes de la liberté et de la justice , la
puissance législative des empereurs, aussi fausse
dans le fait qu'elle était despotique dans ses
conséquences. « Le bon plaisir des empereurs
» avait la force et l'effet de la loi , puisque

---

ce que l'esprit de liberté et de critique a reproché à ce lâche
historien.

(39) Voy. Gravina (*Opp.*, p. 501—512). Voy. aussi
Beaufort (*République Romaine*, t. 1, p. 255—274). Celui-
ci fait usage de deux Dissertations publiées par Jean-Frédéric
Gronovius et Noodt , et traduites l'une et l'autre par Barbeyrac , qui a ajouté à cet ouvrage des notes précieuses , 2 vol.
in-12, 1731.

(40) Le mot *Lex Regia* était encore plus récent que la
chose. Le nom de loi royale aurait fait tressaillir les esclaves
de Commode et de Caracalla.

» le peuple romain , par la loi royale, avait
» transféré à ses princes toute la plénitude de
» son pouvoir et de sa souveraineté (41). »
On souffrit que la volonté d'un seul homme,
d'un enfant peut-être , prévalût sur la sagesse des siècles et les vœux de plusieurs millions de citoyens; et les Grecs dégénérés ne
craignirent pas de déclarer qu'on ne pouvait
confier avec sûreté l'exercice arbitraire de la
législation qu'à l'empereur seul. « Quel inté-
» rêt ou quelle passion , s'écriait Théophile
» à la cour de Justinien, peut atteindre l'em-
» pereur dans le rang où il est élevé? Il est
» déjà le maître de la vie et de la fortune
» de ses sujets ; et ceux qui ont encouru
» son déplaisir sont déjà au nombre des
« morts (42). » Un historien étranger au lan-

-----

(41) *Institut*. l. 1 , tit. 2 , n° 6. *Pandect.*, l. 1 , tit. 4 ,
leg. 1. *Code de Justinien*, l. 1 , tit. 17, leg. 1 , n° 7. Heineccius, dans ses Antiquités et ses Elémens , a traité bien en
détail *de Constitutionibus principum*, développées d'ailleurs
par Godefroy (*Comment. ad Cod. Theodos.*, l. 1 , tit. 1 ,
2 , 3), et par Gravina, (p. 87—90.)

(42) Theophile ,*in Paraphras. Grœc. Institut.*, p. 33 ,
34, édit. de Reitz. Voyez sur le caractère et les ouvrages de
cet écrivain , ainsi que sur le tems où il vécut, le Theophile
de J. H. Mylius, (*Excursus* 3 , p. 1034—1073).

gage de la flatterie peut avouer que dans les questions particulières de la jurisprudence, des considérations personnelles influent rarement sur le souverain d'un grand empire. La vertu ou même la raison l'avertit qu'il est le gardien de la paix et de l'équité, et que son intérêt est lié d'une manière inséparable à celui de la société. Sous le règne le plus faible et le plus vicieux, Papinien et Ulpien, qui eurent de la sagesse et de l'intégrité, furent à la tête de l'administration de la justice (43); et les dispositions les plus sages du Code et des Pandectes portent les noms de Caracalla et de ses ministres (44). Le tyran de Rome se montra quelquefois le bienfaiteur des provinces. Un poignard termina les crimes de Domitien;

----

(43) Il y a plus d'envie que de raison dans cette plainte de Macrin : *Nefas esse leges videri Commodi et Caracallæ et hominum imperitorum voluntates* (Jul. Capitolin., c. 13). Commode fut mis au rang des dieux par Sévère (Dodwell, *Prælect.* 8, p. 324, 325); cependant les Pandectes ne le citent que deux fois.

(44) Le Code offre deux cents constitutions qu'Antonin Caracalla publia seul, et cent soixante qu'il publia de concert avec son père. Ces deux princes sont cités cinquante fois dans les Pandectes, et huit fois dans les Institutes.

mais ses lois , dont le sénat avait accueilli l'annulation dans les premiers momens de son indignation et de sa joie , furent confirmées par Nerva (45). Cependant , dans les *rescrits* (46), ou réponses aux consultations des magistrats , un exposé partial de la question pouvait tromper le plus éclairé des princes ; et la raison et l'exemple de Trajan condamnèrent en vain cet abus , qui mettait des décisions peut-être trop précipitées au niveau des actes de la législation les plus réfléchis. L'empereur se servait d'encre pourprée (47) pour ses *rescrits* , ses *grâces* et ses *décrets* , ses

---

(45) Pline le jeune, *Epistol.* x, 66. Suétone, *in Domitian,* c. 23.

(46) Constantin avait pour maxime : *Contra jus rescripta non valeant.* (Cod. Theodos. , l. 1, tit. 2 , leg. 1). Les empereurs permettaient malgré eux , il est vrai , quelque examen sur la loi et sur le fait ; ils accordaient quelques délais ; ils accueillaient quelques requêtes ; mais ces remèdes insuffisans étaient trop au pouvoir des juges , et il était trop dangereux pour eux de les employer.

(47) Cette encre était un composé de vermillon et de cinabre ; on la trouve sur les diplômes des empereurs , depuis Léon Ier (A. D. 470) jusqu'à la chute de l'empire grec. *Bibliothèque raisonnée de la Diplomatique,* t. 1, p. 509—514. Lami, *de Eruditione apostolorum* , t. 2, p. 720—726.

édits et ses *pragmatiques sanctions* ; et il les transmettait aux provinces, comme des lois générales et particulières que les magistrats devaient exécuter, et que le peuple devait suivre. Mais comme leur nombre augmentait sans cesse, la règle de l'obéissance fut chaque jour plus incertaine et plus douteuse, jusqu'à l'époque où le Code Grégorien ainsi que ceux de Hermogène et de Théodose déterminèrent et fixèrent la volonté du souverain. Les deux premiers dont il ne nous reste que des fragmens, furent rédigés simplement par deux jurisconsultes : leur travail eut pour objet de conserver les lois des empereurs païens, depuis Adrien jusqu'au fondateur de Constantinople. Le troisième, que nous avons en entier, fut compilé en seize livres par ordre de Théodose, afin de consacrer les lois des princes chrétiens, depuis Constantin jusqu'à son propre règne. Ces trois Codes obtinrent une autorité égale dans les tribunaux, et le juge pouvait rejeter comme supposé ou comme tombé en désuétude tout acte que ces recueils consacrés ne renfermaient pas (48).

---

(48) Schulting, *Jurisprudentia antè Justinianea*, p. 681 718. Cujas dit que Grégoire compila les lois publiées depuis le règne d'Adrien jusqu'à celui de Galien, et que la suite

Les peuples sauvages suppléent au défaut
d'alphabet par des signes sensibles qui éveil-
lent l'attention et qui perpétuent le souvenir
de tous les événemens publics ou particuliers.
La jurisprudence des premiers Romains présentait le jeu d'une espèce de pantomime ; ils
avaient adapté certaines paroles aux gestes, et
la moindre erreur ou la moindre négligence
dans la *forme* suffisait pour entraîner la perte
du *fond*. On désignait la communion du mariage par le feu et l'eau, élémens nécessaires à
la vie (49). La femme qu'on répudiait rendait
le trousseau de clefs, emblême du gouvernement
de la famille dont on l'avait chargée. Pour affranchir son fils ou son esclave, on lui donnait
un petit coup sur la joue : une pierre jetée sur
les travaux interdisait un ouvrage : on cassait
une branche d'arbre pour interrompre une
prescription ; le poing fermé était le symbole

---

fut l'ouvrage d'Hermogène, son collaborateur. Cette division générale peut être juste; mais Grégoire et Hermogène
passèrent souvent les bornes de leur terrain.

(49) Scœvola, vraisemblablement Q. Cervidius Scœvola,
maître de Papinien, dit que cette acceptation du feu et de
l'eau était de l'essence du mariage. (*Pandect.*, l. 24, tit. 1,
leg. 66.) Voy. Heineccius, *Hist. J. R.*, n° 317.

d'un gage ou d'un dépôt ; on présentait la main droite , pour annoncer qu'on engageait sa parole , ou qu'on accordait sa confiance : on rompait un brin de paille pour indiquer la ratification des contrats : tous les paiemens étaient accompagnés de poids et de balances ; et l'héritier qui acceptait un testament était quelquefois obligé de faire claquer ses doigts , de jeter ses habits , de sauter et de danser (50). Si un citoyen allait réclamer chez son voisin des effets volés , il avait les reins couverts d'une serviette , et se cachait le visage avec un masque ou avec un bassin , de peur de rencontrer les yeux d'une vierge ou d'une matrone (51). Dans une action civile , le demandeur touchait l'oreille de son témoin ; il saisissait son adversaire à la gorge ,

---

(50) Cicéron (*de Officiis*, III , 19) ne fait qu'une supposition sur ce point ; mais saint Ambroise (*de Officiis*, III , 2) en appelle à l'usage de son tems , qu'il connaissait aussi bien qu'un jurisconsulte et un magistrat. Schulting , *ad Ulpian. Fragment*, tit. 22 , n° 28 , p. 643 , 644.

(51) Au tems des Antonins , on ne connaissait plus la signification des formes ordonnées dans le cas d'un *furtum lance licioque conceptum* ,(Aulu-Gelle , XVI , 10.)Heineccius (*Antiquitat. rom.* , l. 4 , tit. 1 , n° 13—21), qui les fait venir de l'Attique , cite à l'appui de son opinion Aristophane, le scholiaste de ce poète, et Pollux.

et par ses lamentations implorait le secours de
ses concitoyens. Les deux compétiteurs s'em-
poignaient l'un et l'autre, comme s'ils eussent
dû se battre devant le tribunal du préteur : ce
magistrat leur ordonnait de produire l'objet en
litige ; ils s'éloignaient, et revenant à pas mesures, jetaient à ses pieds une motte de terre,
symbole du champ qu'ils se disputaient. Cette
science obscure des paroles et des formes sym-
boliques de la procédure devint l'héritage des
pontifes et des patriciens. Comme les astrologues
de la Chaldée, ils annonçaient à leurs cliens
les jours de vacation et les jours de repos : ces
importantes minuties étaient liées à la religion
établie par Numa ; et, après la publication des
Douze-Tables, les Romains demeurèrent dans
l'esclavage par leur ignorance des formes judi-
ciaires. Quelques officiers de la classe du peuple
révélèrent enfin ces utiles mystères : un siècle
plus éclairé suivit ; mais en tournant en ridicule les formes qu'on donnait à la loi, on
perdit ensuite l'usage et l'intelligence de cette
langue primitive (52).

---

(52) Cicéron, dans son discours pour Muréna (c. 9—13),
tourne en ridicule les formes et les mystères des gens de loi,
dont Aulu-Gelle (*Nuits Attiques*, xx, 10), Gravina (*Opp.*,

Au reste, les sages de Rome, qu'on peut regarder avec plus d'exactitude comme les auteurs de la loi civile, cultivèrent un art plus libéral. L'altération survenue dans l'idiome et les mœurs des Romains rendit le style des Douze-Tables moins familier à chaque nouvelle génération, et les écrits des anciens jurisconsultes expliquaient d'une manière imparfaite les passages douteux. Il était plus noble et plus important d'éclaircir l'ambiguité des lois, d'en circonscrire l'effet, de faire l'application des principes, et d'en tirer toutes les conséquences, d'indiquer les contradictions réelles ou apparentes; c'est ainsi que ceux qui exposaient les anciens statuts envahirent peu à peu le domaine de la législation. Leurs subtiles interprétations, jointes à l'équité du préteur, réformèrent cette tyrannie qui s'exerçait d'après d'anciennes dispositions qu'on appliquait mal. Pour rétablir les principes de la nature et de la raison, ils employèrent des moyens qu'on appelera si l'on veut étranges ou embrouillés; et de simples individus se servirent utilement de leurs lumières pour détruire la base de quelques ins-

---

p. 265, 266, 267), et Heineccius (*Antiquitat.*, l, 4, tit. 6), parlent avec plus de bonne foi.

tructions publiques de leur pays. L'intervalle de presque dix siècles qui se trouve entre la publication des Douze-Tables et le règne de Justinien, peut se diviser en trois périodes d'une durée presque égale, et distinguées l'une de l'autre par la méthode d'instruction qu'on adopta et par le caractère des Jurisconsultes (53).

Durant la première époque, l'orgueil et l'ignorance resserrèrent dans des bornes étroites la science des lois romaines. Les jours de marché ou d'assemblée, les jurisconsultes qui avaient le plus de réputation se promenaient au Fo-

---

(53) Pomponius (*de Origine Juris*, Pandect., l. 1, tit. 2) indique la succession des jurisconsultes romains. Les modernes ont montré du savoir et de la critique dans la discussion de cette partie de l'histoire et de la littérature. Gravina (p. 41—79), et Heineccius (*Hist. J. R.*, n° 113, p. 351) surtout m'ont servi de guide. On trouve des détails exacts et agréables dans Cicéron, *de Oratore, de Claris Oratoribus, de Legibus*, et dans la *Clavis Ciceroniana* d'Ernesti (sous les noms de Mucius, etc.). Horace fait souvent allusion à la matinée laborieuse des gens de loi (*Serm.* I, 1, 10. *Epist.* II, 1, 103, etc.):

> *Agricolam laudat juris legumque peritus*
> *Sub galli cantum consultor ubi ostia pulsat.*
> . . . .
> *Romæ dulce diù fuit et solenne, reclusâ*
> *Mane domo vigilare, clienti promere jura.*

rum ; ils donnaient leur avis aux dernières classes des citoyens, dans l'espoir d'obtenir un jour leurs suffrages. Lorsqu'ils avançaient en âge ou qu'ils obtenaient des dignités , ils se tenaient chez eux assis sur une chaise ou sur un trône ; ils y attendaient avec une gravité tranquille les visites de leurs cliens , qui , dès la pointe du jour, frappaient à leur porte. Les devoirs de la vie sociale , et les incidens d'une procédure étaient le sujet ordinaire de ces consultations , et les jurisconsultes donnaient leur opinion de vive voix , ou par écrit , d'après les règles de la sagesse naturelle et de la loi. Ils permettaient aux jeunes gens de leur profession ou de leur famille d'y assister ; ils instruisaient en particulier leurs enfans ; et la famille Mucia fut long-tems renommée pour ces sortes de connaissances, qui se transmettaient de père en fils.

La seconde période , le bel âge de la jurisprudence , comprend l'espace de tems qui s'écoula depuis la naissance de Cicéron jusqu'au règne d'Alexandre Sévère. On forma un système général ; on établit des écoles ; on composa des livres, et on mit à contribution les vivans et les morts pour instruire les élèves. Les *Tripartite* d'Ælius Petus , surnommé *Catus* ou le Rusé , était le plus ancien des ouvrages

de jurisprudence qu'on eût alors. L'étude des
lois, à laquelle se livra Caton, ainsi que son
fils, ajouta quelque chose à sa réputation : trois
hommes, habiles sur ces matières, illustrèrent le
nom de Mutius Scévola ; mais la gloire d'avoir
perfectionné cette science fut attribuée à Servius Sulpicius, leur disciple et l'ami de Cicéron ; et Papinien, Paul et Ulpien, terminent
la longue liste des jurisconsultes qu'on vit briller
du même éclat sous la république et sous les
Césars. On a conservé avec soin leurs noms et
les titres de leurs différens ouvrages ; et l'exemple
de Labéon peut donner une idée de leur zèle
et de leur fécondité. Ce grand jurisconsulte,
qui vivait sous Auguste, divisait son année
entre la ville et la campagne, entre le travail
des affaires et celui de la composition ; les auteurs indiquent quatre cents ouvrages qu'il
écrivit dans la retraite. On cite le 259ᵉ écrit
du recueil de Capiton son rival ; et il y avait
peu de professeurs qui pussent réduire leurs leçons en moins de cent volumes.

Les oracles de la jurisprudence furent presque muets dans la troisième période, c'est-à-
dire, entre les règnes d'Alexandre et de Justinien. La curiosité avait été satisfaite : les tyrans
et les barbares occupaient le trône ; les esprits

ardens se trouvaient distraits par des disputes religieuses ; et les professeurs de Rome , de Constantinople et de Béryte , se contentaient modestement de répéter les leçons de leurs prédécesseurs. On peut conclure de la lenteur des progrès de ces études , et de la rapidité avec laquelle elles tombèrent , qu'elles ont besoin d'un tems de paix et du perfectionnement de l'esprit. Il est évident , d'après la multitude des auteurs de droit , dont les nombreux volumes ne sortaient point de la classe moyenne, qu'on peut se livrer à ces études , et composer de pareils ouvrages avec une dose moyenne d'expérience , de jugement et d'esprit. On sentit mieux le génie de Cicéron et de Virgile , à mesure qu'on vit les siècles s'écouler sans produire leur égal ; mais les maîtres de jurisprudence les plus célèbres étaient sûrs de laisser des disciples qui égaleraient ou qui surpasseraient leur mérite et leur réputation.

Au septième siècle de Rome , la philosophie grecque polit et perfectionna cette jurisprudence , si grossièrement adaptée à la situation des premiers Romains. Les Scévola s'étaient formés par l'usage et l'expérience ; mais Servius Sulpicius fut le premier jurisconsulte qui établit son art sur une théorie certaine et univer-

selle (54). Pour discerner le vrai et le faux , il
employa, comme une règle infaillible, la logique
d'Aristote et des Stoïciens. Il ramena les cas
particuliers à des principes généraux , et fit
jaillir la lumière de l'ordre et de l'éloquence
sur une masse informe. Cicéron , son contem-
porain et son ami , ne chercha point la célébrité
d'un juriste de profession ; mais son incompa-
rable génie , qui change en or tout ce qu'il
touche , vint orner la jurisprudence de son
pays. A l'exemple de Platon, il composa une
république , et rédigea pour cette république un
traité des lois , où il s'efforça d'attribuer une
origine céleste à la sagesse et à la justice de la
constitution des Romains. L'univers entier ,
selon sa belle hypothèse , forme une immense
république : les dieux et les hommes , qu'il
suppose de la même essence , sont les membres

---

(54) Crassus, ou plutôt Cicéron lui-même, propose , (de
Oratore , 1 , 41 , 42), sur l'art ou science de la jurisprudence , une idée qu'Antoine, qui avait de l'éloquence naturelle, mais peu d'instruction (1 , 58), affecte de tourner en
ridicule. Servius Sulpicius réalisa cette idée en partie (*in
Bruto*, l. 41) ; et Gravina , dans son latin presque classique,
varie avec beaucoup d'élégance (p. 60) les éloges qu'il lui
donne.

de la même communauté ; les lois naturelles et le droit des gens sont fondés sur la raison ; et toutes les institutions positives , bien que modifiées par le hasard ou par la coutume , dérivent de la règle de droit que la Divinité a gravé dans chaque cœur vertueux. Il exclut doucement de ces mystères philosophiques les Sceptiques , qui refusent de croire , et les Epicuriens , qui ne veulent pas agir. Les derniers dédaignent le soin de la république , et il leur conseille de se livrer dans leurs bocages à un paisible sommeil ; mais il supplie humblement la nouvelle académie de demeurer muette , parce que , dit-il , les objections audacieuses de cette secte détruiraient la structure si bien ordonnée de son grand système (55). Il représente Platon , Aristote et Zénon comme les seuls maîtres qui arment et instruisent un citoyen pour les devoirs de la vie sociale. On reconnut que la trempe la meilleure

---

(55) *Perturbatricem autem omnium harum rerum academiam, hanc ab Arcesile et Carneadâ recentem, exoremus ut sileat, nam si invaserit in hæc , quæ satis scitè instructa et composita videantu , nimis edet ruinas, quam quidem ego placare cupio, submovere non audeo* (de Legibus I, 13). Ce passage seul devait apprendre à Bentley, *(Remarks on free-Thinking,* p. 250) que Cicéron croyait bien fermement la doctrine spécieuse qu'il a embellie.

de ces diverses armures était celle des Stoïciens (56), et les écoles de jurisprudence affectaient de s'en servir ou de s'en parer. Les leçons
du Portique apprenaient aux jurisconsultes
romains à remplir les devoirs de la vie, à raisonner et à mourir ; mais elles leur inspiraient à
quelques égards les préjugés de secte, l'amour
du paradoxe, l'habitude de l'opiniâtreté dans la
dispute, et un goût minutieux pour les mots et
les distinctions verbales. Dans la détermination
des droits de propriété, on admit la supériorité
de la *forme* sur la *matière*; on osa soutenir
l'égalité de tous les crimes, d'après cette opinion
de Trébatius (57), que celui qui touche l'oreille,
touche le corps entier, et que celui qui vole une
partie d'un amas de blé ou d'un tonneau de vin

---

(56) Panætius, l'ami du jeune Scipion, fut le premier qui
enseigna dans Rome la philosophie stoïcienne (Voyez sa vie,
dans les *Mémoires de l'Académie des I. scriptions
et Belles-Lettres.*

(57) Il est cité sur cet article par Ulpien (Lib 40, *ad
Sabinum in Pandect.* l, 47, t. 2, leg. 21). Trebatius, après
s'être trouvé au premier rang des jurisconsultes, *qui fami-
liam duxit*, devint un Epicurien. Cicéron, *ad Familiares*,
vii, 5. Il manqua peut-être de constance ou de bonne foi
dans cette nouvelle secte.

est aussi coupable que s'il avait volé le tout (58).

Chez les Romains, le métier des armes, l'éloquence et l'étude des lois civiles élevaient un citoyen aux honneurs ; et ces trois professions avaient un éclat particulier, si elles se trouvaient réunies dans la même personne. Lorsqu'un Préteur savant rédigeait son édit, on préférait et on consacrait son opinion particulière ; on avait des égards pour celle d'un Censeur, d'un Consul, et les vertus ou les triomphes d'un jurisconsulte donnaient du poids à une interprétation qui autrement serait demeurée douteuse. Le voile du mystère couvrit long-tems l'artifice des patriciens, et, dans des tems plus éclairés, la liberté des discussions établit les principes généraux de la jurisprudence. Les disputes du Forum éclaircirent les cas subtils et embrouillés ; on donna des règles, des axiomes et des définitions (59) qui passèrent

____

(58) Voyez Gravina, (p. 45—51), et les frivoles objections de Mascou. Heineccius (*Hist. J. R.* n°. 125) cite et approuve une dissertation de Everard Otto, *de Stoicá jurisconsultorum philosophiá.*

(59) On citait surtout la règle de Caton, la stipulation d'Aquilius, les formes Maniliennes, deux cent onze maximes et deux cent quarante-sept définitions (*Pandectes,* l. 50, tit. 16).

pour des inspirations naturelles, et l'opinion des professeurs de la loi influa sur la pratique des tribunaux. Mais ces interprètes ne pouvaient ni faire ni exécuter les lois de la république, et les juges étaient les maîtres de dédaigner l'autorité des Scévola eux-mêmes, que l'éloquence et les sophismes d'un habile avocat renversaient souvent (60). Auguste et Tibère furent les premiers à adopter la science des hommes de loi, comme un instrument utile à leur pouvoir, et les serviles travaux de ceux-ci adaptaient l'ancien système à l'esprit et aux vues du despotisme. Sous le prétexte spécieux de maintenir la dignité de l'art, le privilége de signer des opinions légales et valides fut réservé à des sages du rang de sénateur ou de l'ordre équestre, approuvés par le jugement du prince, et ce monopole prévalut jusqu'à l'époque où Adrien rendit cette profession libre à tous les citoyens qui se croyaient des lumières et du talent. Le Préteur, malgré son autorité, était alors gouverné par ses maîtres ; on enjoignait aux juges de suivre le commentaire ainsi que l'esprit de la loi, et l'usage des codicilles fut une innovation mémorable qu'Auguste

____

(60) Lisez Cicéron, l. 1, *de Oratore, Topica, Pro Murenâ.*

ratifia d'après l'avis des jurisconsultes (61).

Le prince le plus absolu ne pouvait exiger autre chose, sinon que les juges fussent d'accord avec les jurisconsultes, si les jurisconsultes étaient d'accord entre eux; mais les institutions positives sont souvent le résultat de la coutume et du préjugé; les lois et les langues sont équivoques et arbitraires; la jalousie des rivaux, la vanité des maîtres, l'aveugle attachement de leurs disciples augmentent l'amour de la dispute, lorsqu'il s'agit d'un point sur lequel la raison ne peut prononcer, et les sectes autrefois fameuses des *Proculéiens* et des *Sabiniens* divisèrent la jurisprudence romaine (62). Deux jurisconsultes très-habiles, Ateius Capiton et Antistius Labéon (63), firent honneur au paisible règne

---

(61) Voyez Pomponius, *de Origine Juris. Pandect.* l. tit. 2, leg. 2, n°. 47. Heineccius, *ad Institut*, l. 1, tit. 2, n°. 8; l. 2, tit. 25, *in Element et Antiquitat.*; et Gravina, p. 41—45. Quoique ce monopole ait été bien âcheux, les écrivains du tems ne s'en plaignent pas, et il est vraisemblable qu'il fut voilé par un décret du senat.

(62) J'ai lu la diatribe de Gotfridus Moscovius (le savant Mascou), *de Sectis jurisconsultorum*, Lipsiæ 1728, in-8°, p. 276; traité savant sur un fond stérile et très-borné.

(63) Voyez le caractère d'Antistius Labéon dans Tacite

d'Auguste. La faveur du souverain distingua le
premier ; le second fut encore plus illustre par
le mépris de cette faveur, et sa résistance opi-
niâtre, mais inactive, au tyran de Rome. La
différence de leur caractère et de leurs principes
influa sur leurs études. Labéon était attaché aux
formes de la république qui n'existait plus ; son
rival, plus avide et plus adroit, se conformait
à l'esprit de la monarchie naissante. Mais toujours un courtisan est soumis et servile, et
Capiton osa rarement s'écarter de l'opinion ou du
moins des paroles de ses prédécesseurs, tandis
que le hardi républicain se livrait à ses idées indépendantes, sans s'effrayer d'être accusé de
paradoxes ou d'innovations. Toutefois, la liberté
de Labéon fut asservie par la rigueur de ses principes, et il décidait, selon la lettre de la loi,
les questions que son compétiteur indulgent ré-
solvait, d'après des modifications qu'il disait

(*Annales* III, 75) et dans une épître d'Antistius Capiton (Aulu-
Gelle, XIII, 12), qui accuse son rival de *libertas nimia et*
VECORS. Au reste, je ne puis penser qu'Horace eût osé cou-
vrir de ridicule un sénateur vertueux et respectable, et j'a-
dopterais la correction de Bentley, qui lit *Labieno, insanior,*
(*Serm.* 1, III, 82). Voyez Mascou, *de Sectis*, c. 1, p. 1
—24.

équitables, et qui étaient plus analogues à la raison commune et aux sentimens ordinaires des hommes. Lorsqu'un échange avait été substitué au paiement d'une somme d'argent monnayé, Capiton y voyait toujours une vente légale (64); et il prononçait sur l'âge de puberté, d'après la nature, sans borner sa définition à l'époque précise de douze ou quatorze ans (65). Cette opposition de sentiment se répandit dans les écrits et les leçons des deux fondateurs. La querelle des écoles de Capiton et de Labéon sub-

(64) Justinien (*Institut.* l. 3, tit. 23), Théophile (*Vers. Græc.* p. 677, 680), ont rappelé cette grande question, et les vers d'Homère qu'on allégua de part et d'autre comme des autorités. Elle fut décidée par Paul (*lib.* 33, *ad édit. in Pandect.* l. 18, tit. 1, leg. 1). Voici sa solution : dans un simple échange, on ne peut distinguer l'acheteur et le vendeur.

(65) Les Proculéiens abandonnèrent aussi cette controverse; ils sentirent qu'elle entraînait des recherches indécentes, et ils furent séduits par l'aphorisme d'Hippocrate, qui était attaché au nombre septennaire de deux semaines d'années, ou de sept-cents semaines de jours *(Inst.* l. 1, t.22). Plutarque et les Stoïciens (*de Placit. Philosophor.* l. 5, c. 24), donnèrent une raison plus naturelle. A quatorze ans, περι ην ὁ σπερματοκος κρενεται ορρος. Voyez les *Vestigia* des sectes dans Mascou (c. 9, p. 145 — 278).

sista depuis le règne d'Auguste jusqu'à celui d'Adrien (66), et les deux sectes tirèrent leurs noms de Sabinus et de Proculeius, leurs maîtres les plus célèbres. On leur donna de plus celui de *Cassiens* et de *Pégasiens* ; mais, par un renversement bizarre, Pégase (67), timide esclave de Domitien, défendait la cause populaire, et le favori des Césars était représenté par Cassius (68), lequel se glorifiait de descendre du Cassius, meurtrier du tyran de sa patrie. L'Edit Perpétuel termina en grande partie les disputes des sectes. Lorsque l'empereur Adrien voulut faire rédiger cet important ouvrage, il préféra les chefs des Sabiniens ; les partisans de la monarchie l'emportèrent ; mais la modération de Salvius Julien réconcilia peu à peu les vainqueurs

---

(66) Mascou rapporte l'Histoire et la fin de ces Sectes (c. ii—vii, p. 24—120).

(67) Au premier mot, il vola au conseil qu'on tint sur le turbot. Toutefois Juvénal (*Satyr.* iv, 75—81), appelle ce préfet ou *bailli* de Rome, *sanctissimus legum interpres.* L'ancien Scholiaste dit qu'on l'appelait, non pas un homme, mais un livre, d'après sa science. Il prit le nom de Pégase, parce que son père avait commandé une galère de ce nom.

(68) Tacite, *Annales* xvii, 7. Suétone *in Nerone,* c. 37.

et les vaincus. Les jurisconsultes du siècle des Antonins imitèrent les philosophes de leur tems ; ils dédaignèrent l'autorité d'un maître, et prirent dans chaque système les opinions qui leur parurent les plus vraisemblables (69). Mais leurs écrits auraient été moins volumineux, s'il y eût eu plus d'accord dans leur choix. Le nombre et le poids de témoignages discordans embarrassaient la conscience des juges ; et un nom respectable venait à l'appui de tous les décrets que leur suggéraient la passion et la cupidité. Un édit de Théodose le jeune les dispensa du soin de comparer et de peser les argumens des jurisconsultes. Cinq d'entre eux, Gajus, Papinien, Paul, Ulpien et Modestin furent proclamés les oracles de la jurisprudence ; l'opinion de trois d'entre eux était décisive ; mais dans le cas où chacun aurait un avis particulier, on accorda une voix prépondérante à la sagesse supérieure de Papinien (70).

---

(69) Mascou, *de Sectis*, c 8, p. 120—144; *de Heriseundis*; terme de loi qu'on appliquait à ces jurisconsultes éclectiques. *Herciscere* est synonyme de *dividere*.

(70) Voyez le Code Théodosien (l. 1, tit. 4, avec le *Commentaire* de Godefroy, t. 1, p. 30—35) Ce décret pou-

Lorsque Justinien monta sur le trône, la réforme des lois romaines était devenue un travail indispensable, mais difficile. Dans l'espace de dix siècles, le nombre infini des lois et des opinions des jurisconsultes avait rempli des milliers de volumes que l'homme le plus riche ne pouvait acheter, et que la tête la plus vaste ne pouvait contenir. On ne trouvait pas aisément tous ces livres; et les juges, pauvres au milieu de tant de richesses, étaient réduits à prononcer d'après leurs faibles lumières. Les sujets des provinces grecques ignoraient la langue de ces lois, qui disposaient de leurs propriétés et de leur vie; et dans les académies de Béryte et de Constantinople, on étudiait d'une manière imparfaite le dialecte *barbare* des Latins. Justinien, né au milieu des camps de l'Illyrie, était familiarisé avec ce langage dès son enfance; il avait pris dans sa jeunesse des leçons de juris-

---

vait occasionner des discussions jésuitiques pareilles à celles qu'on trouve dans les *Lettres Provinciales*; on pouvait demander si un juge était obligé de suivre l'opinion de Papinien ou de la majorité, contre son jugement et sa conscience, etc. Au reste, un législateur pouvait donner à cette opinion, fausse en elle-même, la valeur, non pas de la vérité, mais de la loi.

prudence , et il chargea de la réforme les plus
savans jurisconsultes de l'Orient (71). La théorie
des professeurs fut aidée par la pratique des
magistrats ou de ceux qui se livraient à la plai-
doirie ; et l'esprit de Tribonien anima toute
l'entreprise (72). Cet homme extraordinaire ,
l'objet d'un si grand nombre d'éloges et de critiques , était né à Side , dans la Pamphilie ; et
son génie , semblable à celui de Bâcon , regarda
comme son domaine toutes les affaires et toutes
les connaissances de son siècle. Il écrivit en

---

(71) Pour suivre les travaux de Justinien sur les lois, j'ai
étudié la préface des Institutes ; la première, la seconde et
la troisième préface des Pandectes ; la première et la seconde
préface du Code, et le Code lui-même (l. 1 , tit. 17, *de Veteri jure enucleando*). Après ces témoignages originaux,
j'ai consulté, parmi les modernes, Heineccius (*Hist. J. R.*,
n° 383—404), Terrasson (*Histoire de la Jurisprudence
Romaine*, p. 295—356, Gravina (*Opp.*, p. 93—100), et
Ludewig (*Vita Justiniani*, p. 19—123, 318—321, pour
le Code et les Novelles, p. 209—261 ; pour le Digeste ou
les Pandectes, p. 262—317.)

(72) Voyez, sur le caractère de Tribonien, les témoignages
de Procope (*Persic.*, l. 1, c. 23, 24; *Anecdotes*, c. 13,
20), Suidas (t. 3 , p. 501 , édit. de Kuster.), et Ludewig
(*in Vit. Justiniani*, p. 175—209).

prose et en vers sur une multitude de sujets
curieux et abstraits (73) ; il composa deux Pané-
gyriques de Justinien et la vie du philosophe
Théodore ; il publia un livre sur la nature du
bonheur et les devoirs du Gouvernement, le
Catalogue d'Homère et les vingt-quatre sortes
de Mètre, le Canon astronomique de Ptolomée ,
les Changemens des mois , les Demeures des
planètes et le Système harmonique du monde.
Il ajouta l'usage de la langue latine à la littérature
de la Grèce. Les jurisconsultes romains étaient
dans sa bibliothèque et dans sa tête, et il cultivait assidument les arts qui menaient à la fortune et aux emplois. Après avoir plaidé devant
les préfets du prétoire, il parvint aux dignités de
questeur, de consul et de maître des offices. Le
conseil de Justinien écouta son éloquence et sa
sagesse ; et la douceur et l'affabilité de ses manières apaisèrent l'envie. Les reproches d'im-
piété et d'avarice souillèrent ses vertus et sa ré-

----

(73) J'applique au même homme les deux passages de Suidas ; car toutes les circonstances sont d'un accord parfait.
Les jurisconsultes, toutefois, n'ont pas fait cette remarque,
et Fabricius est disposé à attribuer ces ouvrages à deux
écrivains (*Bibliot. Græc.*, t. ı , p. 341 ; ıı, p. 518; ııı ,
p. 418; xıı , p. 346, 353, 474).

putation. Au milieu d'une cour superstitieuse et intolérante , on accusa le principal ministre d'une aversion secrète pour la foi chrétienne , et on lui supposa des opinions d'athéisme et de paganisme , qu'on imputa d'une manière inconséquente aux derniers philosophes de la Grèce. Son avarice fut prouvée plus clairement , et eut des suites plus funestes : s'il se laissa corrompre par des présens dans l'administration de la justice , on se souviendra encore de Bâcon ; si Tribonien dégrada la pureté de son état , et s'il publia , modifia ou révoqua des lois par des vues d'intérêt particulier , son mérite ne put expier sa bassesse. Lors de la sédition de Constantinople, on accorda son éloignement aux clameurs , et peut-être à la juste indignation du peuple ; mais on le rappela bientôt après ; et depuis cette époque jusqu'à sa mort, c'est-à-dire durant plus de vingt ans , il jouit de la faveur et de la confiance de l'empereur. Justinien lui-même , que la vanité rendait incapable de voir que la soumission de Tribonien était l'adulation la plus grossière , a donné des éloges à cette soumission passive et respectueuse. Tribonien adorait les vertus de son gracieux maître; et, sous le masque de la dévotion, il feignait pieusement de craindre que Justinien , comme Elie et Romulus , ne fût enlevé au milieu des airs, et porté vivant au ciel (74).

Si Jules César eût achevé la réforme des lois romaines, son génie créateur, éclairé par la réflexion et l'étude, aurait donné au genre humain un système de jurisprudence très-pur. Quels que fussent les éloges de la flatterie, l'empereur d'Orient craignait de présenter son opinion particulière pour le modèle de l'équité. Dans l'exercice de la puissance législative, il empruntait les secours que lui offraient le tems et l'opinion publique ; et ses compilations laborieuses ont pour appui les lumières et les législateurs des tems antérieurs. Au lieu d'une statue jetée

---

(74) Cette histoire est racontée par Hesychius (*de Viris Illustribus*), par Procope (*Anecdot.*, c. 13), et par Suidas (t. 3, p 501). Une telle flatterie est inconcevable.

— *Nihil est quod credere de se*
Non potest, quum laudatur Diis œqua potestas.

Fontenelle (t. 1, p. 32—39) a tourné en ridicule l'impudence du modeste Virgile; le même Fontenelle cependant place son roi au-dessus du divin Auguste, et le sage Boileau n'a pas rougi de dire :

Le Destin à ses yeux n'oserait balancer.

Toutefois, Auguste et Louis XIV n'étaient pas des sots.

dans un seul moule par la main d'un grand
maître, les ouvrages de Justinien représentent
une mosaïque, composée de fragmens qui sont
antiques et d'un grand prix, mais qui, trop souvent, n'ont point de rapport entre eux. La première année de son règne, il ordonna à Tribonien
et à neuf autres citoyens versés dans les lois de
revoir les ordonnances de ses prédécesseurs
contenues dans le Code Grégorien, et ceux de
Hermogène et de Théodose; d'en faire disparaître
les erreurs et les contradictions; de retrancher
tout ce qui était tombé en désuétude ou superflu,
et de choisir les lois sages et salutaires, les plus
convenables à ses tribunaux et à ses sujets. Ce
travail fut achevé en quatorze mois, et il paraît
que les nouveaux décemvirs voulurent imiter
leurs prédécesseurs, en faisant douze livres ou
tables de ce recueil. Le nouveau CODE fut honoré
du nom de Justinien et signé par lui. Les notaires
et les scribes en multiplièrent les copies; on les
transmit aux magistrats des provinces de l'Europe, de l'Asie, et ensuite de celles d'Afrique; et
ces lois de l'empire furent publiées à la porte de
l'église, les jours de fêtes solennelles. Il restait
un travail plus difficile, il fallait tirer l'esprit de
la jurisprudence, des décisions et des conjectures, des questions et des disputes des juriscon-

sultes. Dix-sept jurisconsultes , présidés par Tribonien , furent revêtus d'un pouvoir discrétion-
naire sur les ouvrages de leurs prédécesseurs.
L'empereur leur avait accordé dix ans pour ce
travail , et le DIGESTE ou les PANDECTES (75),
ayant été composés en trois ans , c'est d'après le
mérite de l'exécution qu'on doit distribuer l'éloge
ou le blâme sur la rapidité de cette exécution.
Les rédacteurs choisirent dans la bibliothèque
de Tribonien quarante des plus habiles jurisconsultes des premiers tems (76) ; deux mille

----

(75) Πανδέκται (receveurs-généraux) était le titre commun des mélanges grecs (Pline, *Præf. ad Hist. Nat.*) Les
Digesta de Scœvola, de Marcellinus et de Celsus, étaient
déjà familiers aux gens de loi ; mais Justinien se trompait
en regardant ces deux mots comme synonymes. Celui de
Pandectes est-il grec ou latin, masculin ou féminin? Le laborieux Brenckman n'ose pas décider ces importantes questions (*Hist. Pandect. Florentin.*, p. 3oo—3o4).

(76) Angelus Politianus (l. 5, *Epist. ult.*) compte trente-
sept jurisconsultes (p. 192—200) cités dans les Pandectes.
L'index grec, qui est à la suite des Pandectes , en compte
trente-neuf ; et l'infatigable Fabricius en a trouvé quarante.
(*Biblioth. Græc.*, t. 3 , p. 488—5o2). On dit qu'Antoninus
Augustus (*de Nominibus propriis, Pandect.* apud, Ludewig,
p. 283) en a ajouté cinquante-quatre ; mais il faut qu'il ait

traités furent abrégés dans cinquante livres, et
on a eu soin d'instruire la postérité que trois
millions de lignes ou de sentences (77) n'en formèrent plus que cent cinquante mille dans ces
extraits. Ce grand ouvrage ne parut qu'un mois
après les INSTITUTES, et il était en effet raisonnable de donner les élémens avant le Digeste des
lois romaines. Lorsque Justinien eut approuvé
ces travaux, il sanctionna, en vertu de son
pouvoir législatif, les opinions de ces jurisconsultes; leurs commentaires sur les Douze-Tables,
sur l'Edit Perpétuel, sur les lois du peuple, et
sur les décrets du sénat, remplacèrent l'autorité
du texte; et ce texte fut abandonné comme un
monument désormais inutile. Le *Code*, les
Pandectes et les *Institutes* devinrent le seul
système légal de jurisprudence; on les admit

---

confondu les jurisconsultes cités vaguement à ceux dont on a
donné des extraits.

(77) Les Στιχοι des anciens manuscrits étaient des sentences ou périodes d'un sens complet qui, sur la largeur des
rouleaux ou des volumes de parchemin, formaient autant
de lignes d'une longueur inégale. Le nombre des Στιχοι de
chaque livre faisait connaître les défauts des copistes. Ludewig
(p. 211—215), et Suidas qu'il a copié (*Thesaur. Eccle-
siast.*, t. 1, p. 1021—1036).

seuls dans les tribunaux ; on les enseigna seuls dans les académies de Rome , de Béryte et de Constantinople. Le prince adressa au sénat et aux provinces ses *ternels oracles ;* et son orgueil, prenant le masque de la piété, attribua aux secours et à l'inspiration de Dieu l'exécution de ce grand dessein.

Justinien n'ayant point recherché le mérite d'une composition originale , nous ne pouvons exiger de lui que de la méthode, un bon choix et de la fidélité, modestes , mais indispensables qualités d'un compilateur. Ses trois ouvrages offrent trois méthodes différentes ; il est possible qu'elles soient toutes mauvaises , et il est sûr qu'il ne peut y en avoir deux de bonnes. Dans le choix des anciennes lois , il semble avoir vu ses prédécesseurs sans jalousie, et avec les mêmes égards ; la suite n'en pouvait remonter plus haut qu'Adrien, mais la jurisprudence des Pandectes est circonscrite dans une période de cent ans , depuis l'édit perpétuel , jusqu'à la mort d'A- lexandre Sevère. On y cite rarement les paroles des légistes qui vécurent sous les premiers Cé- sars ; on n'y trouve que trois noms du tems de la république. Le favori de Justinien (on le lui a reproché avec violence) craignit de rencontrer la lumière de la liberté et la gravité des sages

Romains. Tribonien condamna à l'oubli la sagesse naturelle de Caton, de Scœvola et de Sulpicius ; tandis qu'il invoquait des esprits plus analogues au sien, les Syriens, les Grecs et les Africains qui se rendaient en foule à la cour impériale, pour étudier le latin comme une langue étrangère, et la jurisprudence comme une profession lucrative. Au reste, le prince (78) avait recommandé à ses ministres de travailler, non pour la curiosité des amateurs de l'antiquité, mais pour l'avantage de ses sujets. Ils devaient choisir celles des lois romaines qui étaient utiles et praticables ; et les écrits des vieux républicains, malgré leur mérite et leur intérêt, ne convenaient plus à un nouveau système de mœurs, de religion et de gouvernement. Si les maîtres et les amis de Cicéron vivaient encore, la bonne foi nous obligerait peut-être d'avouer, qu'excepté la pureté du langage (79), l'école de Papinien et d'Ulpien

---

(78) Un discours ingénieux et savant de Schultingius (*Jurisprudentia antè Justinianea*, p. 883—907) justifie le choix de Tribonien contre les accusations passionnées de François Hotman et de ses sectaires.

(79) Si on enlève la croûte de Tribonien, et si on lui passe les mots techniques, on trouvera que le latin des Pandectes n'est pas indigne du siècle d'*argent*. Il a été attaqué avec

a plus de mérite. La science des lois ne se per-
fectionne que par le tems et l'expérience , et il
arrive naturellement que les auteurs les plus
récens ont l'avantage de la méthode et des ma-
tériaux. Les jurisconsultes du règne des Antonins avaient étudié les ouvrages de leurs prédécesseurs ; leur esprit philosophique les avait
élevés au-dessus de la jalousie et des préjugés des
sectes rivales , il avait en même tems adouci la
rigueur des anciens tems et simplifié la forme
des procédures. Le choix des autorités qui devaient composer les Pandectes dépendait de
Tribonien ; mais son souverain , avec tout son
pouvoir , ne pouvait l'affranchir des devoirs que
lui imposaient la vérité et la fidélité. En qualité
de législateur de l'empire , Justinien pouvait
révoquer les lois des Antonins, ou condamner ,
comme séditieux , les principes de liberté des
premiers légistes de Rome (80) ; mais l'autorité

---

véhémence par Laurentius Valla , fastidieux grammairien
du 15ᵉ siècle, et par Floridus Sabinus , son apologiste.
Alciat et un auteur anonyme, qui est vraisemblablement
Jacques Capellus , l'ont défendu. Duker a recueilli ces différens traités sous le titre d'*Opuscula de latinitate veterum
jurisconsultorum.* Lugd. Bat. 1721 , in-8º.

(80) *Nomina quidem veteribus servavimus ,* **legum autem**

d'un despote ne peut rien sur les faits passés, et l'empereur fut coupable de fraude et de faux, lorsqu'il corrompit l'intégrité de leur texte, lorsqu'il attribua à des hommes respectables les paroles et les idées de son règne servile (81), et lorsqu'il supprima les manuscrits authentiques qui contenaient leurs véritables opinions. On a voulu excuser les changemens et les interpolations de Tribonien et de ses collègues, sous le prétexte de l'uniformité nécessaire dans un corps de lois ; mais ces soins ont été insuffisans, et les *Antinomies*, ou contradictions du Code et des Pandectes exercent toujours la patience et la subtilité des jurisconsultes modernes (82).

---

veritatem nostram fecimus. Itaque si quid erat in illis SEDI-TIOSUM, *multa autem talia erant ibi reposita, hoc decisum est et definitum, et in perspicuum finem, deducta est quæque lex.* (Cod. Justinien. l. 1, tit. 17, leg. 3, n⁰ 10.) Aveu plein de naïveté !

(81) Le nombre de ces *emblemata*, terme bien poli pour ces crimes de faux, a été bien réduit par Bynckershoek (dans les quatre derniers livres de ses *Observations*) ; mais il expose mal les droits qu'avait Justinien, et les devoirs qu'eût dû remplir Tribonien en cette occasion.

(82) Les *antinomies*, ou lois opposées du Code et des Pandectes, sont quelquefois la cause et souvent l'excuse de la

Les ennemis de Justinien ont répandu un bruit qui n'est appuyé d'aucun témoignage. On dit que l'auteur des Pandectes avait brûlé les lois de l'ancienne Rome, d'après la vaine persuasion qu'elles se trouvaient fausses ou superflues. Ce prince n'eut pas besoin de se charger d'un rôle si odieux, et il put confier à l'ignorance et au tems l'exécution de ce vœu destructeur. Lorsqu'on ne connaissait encore ni l'imprimerie ni le papier, les riches seuls pouvaient payer le travail et la matière des manuscrits ; et il paraît que les livres avaient cent fois plus de valeur qu'ils n'en ont aujourd'hui (83). Les copies se multipliaient lentement, et on les renouvelait avec précaution ; l'appât du gain excitait des

---

glorieuse incertitude des lois civiles, qui donne lieu fréquemment à ce que Montaigne appelle *les questions pour l'ami.* (Voyez un beau passage de François Balduin sur Justinien, l. 2, p. 259, etc., apud Ludewig, p. 305, 306).

(83) Lorsque Fust ou Faust vendit à Paris pour des manuscrits ses premières bibles imprimées, le prix d'une copie en parchemin fut réduit de quatre ou cinq cents écus à soixante, cinquante et quarante. Le public fut d'abord charmé de ce bas prix ; mais il montra de l'indignation lorsqu'il eut découvert la fraude. (Mattaire, *Annal. Typogr.*, t. 1, p. 12, 1re édit.)

copistes sacriléges à effacer les caractères de
l'antiquité ; et Sophocle et Tacite furent con-
traints d'abandonner à des Missels, à des Ho-
mélies et à la Légende dorée, le parchemin qui
renfermait leurs chefs-d'œuvre (84). Si ce fut le
sort des plus belles compositions du génie, il est
aisé de voir ce qu'on dut se permettre sur les
lourds et stériles ouvrages d'un art qu'on ne
cultivait plus. Les livres de jurisprudence inté-
ressaient peu de monde et n'amusaient personne :
l'usage du moment faisait leur valeur, et ils
tombèrent pour jamais dès l'instant où les innovations de la mode, un mérite supérieur et
l'autorité publique les rendirent inutiles. A l'é-
poque de savoir et de paix qui s'écoula entre
Cicéron et le dernier des Antonins, on comptait
déjà un très-grand nombre de pertes en ce genre ;
des écrivains, qui avaient été les lumières de
l'école et du Forum, n'étaient plus connus que
des curieux ; et ceux-ci même ne les connaissaient que par tradition. Trois cent soixante

---

(84) Cet exécrable usage prévalut depuis le 8ᵉ et surtout
depuis le 12ᵉ siècle, époque où il était devenu presque universel. (Montfaucon, dans les *Mémoires de l'Académie*,
t. 6, p. 606, etc. *Bibliothèque raisonnée de la Diplomatique*, t. 1, p. 176.)

années de désordre et de décadence accélérèrent les progrès de l'oubli, et il y a lieu de croire que ces écrits, qu'on reproche à Justinien d'avoir négligés, ne se trouvaient plus dans les bibliothèques de l'Orient (85). Les copies de Papinien et d'Ulpien, que le réformateur avait proscrites, ne furent plus jugées dignes d'attention ; les Douze-Tables et l'Edit Perpétuel disparurent peu à peu ; et l'envie et l'ignorance des Grecs dédaignèrent et détruisirent les monumens de l'ancienne Rome. Les Pandectes elles-mêmes n'ont échappé au naufrage qu'avec beaucoup de peine et de dangers ; et la critique a prononcé que *toutes* les éditions et *tous* les manuscrits de l'Occident

----

(85) Pomponius (*Pandect.* , l. 1 , t. 2 , leg. 2) dit sur Mucius, Brutus et Manilius, les trois fondateurs de la science des lois civiles, *extant volumina* , *scripta Manilii monumenta ;* sur quelques jurisconsultes de la république , *hæc versantur eorum scripta inter manus hominum.* Il ajoute que huit des sages légistes du siècle d'Auguste furent réduits à un *Compendium :* de Cascelius, *scripta non extant* , *sed unus liber,* etc.; et des écrits de Trebatius , *minus frequentantur ;* de ceux de Tubero, *libri parùm grati sunt.* Il y a dans les Pandectes plusieurs citations tirées de livres que Tribonien ne vit jamais ; et, du 7ᵉ au 13ᵉ siècle de Rome , l'érudition apparente des modernes a toujours dépendu des connaissances et de la véracité de leurs prédécesseurs.

étaient tirés d'un seul original (86). On le trans-
crivait à Constantinople, au commencement
du septième siècle (87); les mouvemens de la
guerre et du commerce le portèrent successivement à Amalphi (88), à Pise (89) et à

---

(86) On assure que *toutes* les éditions et *tous* les manuscrits répètent en plusieurs endroits les erreurs des copistes et
les transpositions de quelques feuilles qui se trouvent dans les
Pandectes florentines. Ce fait est décisif, s'il est vrai ; cependant les Pandectes sont citées par Yves de Chartres, qui mourut en 1117 ; par Théobald, archevêque de Cantorbéry, et
par Vacarius, le premier qui ait donné en Angleterre des leçons de lois civiles. (Selden, *ad Fletam*, c. 7, t. 2, p. 1080—
1085.) A-t-on comparé les manuscrits des Pandectes qui
se trouvent en Angleterre avec ceux des autres pays ?

(87) Voyez la description de cet original dans Brenckman.
(*Hist. Pandect. Florent.* l. 1, c. 2, 3, p. 4—17 ; et l. 2).
L'enthousiaste Politien le révérait comme une copie faite de
la main de Justinien lui-même (p. 407, 408); mais ce paradoxe est réfuté par les abréviations du manuscrit de Florence,
(l. 2, c. 3, p. 117—130). Il est composé de 2 vol in-4°
à grandes marges : le parchemin est mince, et les caractères
latins annoncent la main d'un copiste grec.

(88) Brenckman a inséré à la fin de son histoire deux
dissertations sur la république d'Amalphi et la guerre de
Pise, en l'année 1135, etc.

(89) La découverte des Pandectes à Amalphi (A. D. 1137)

Florence (90); et il est aujourd'hui déposé, comme un monument précieux (91), dans l'ancien palais de la république (92).

Le premier soin d'un réformateur est d'empêcher les réformes après lui. Afin de main-

----

a été indiquée, pour la première fois, par Ludovicus Bologninus (Brenckman, l. 1, c. xi, 73, 74; l. 4, c. 2, p. 417—425), sur la foi d'une chronique de la ville de Pise (p. 409 410), sans nom et sans date. Tous les faits de cette chronique, quoique inconnus au douzième siècle, embellis par les siècles d'ignorance, et suspectés par les critiques, ne sont pas dénués en eux-mêmes de probabilité, (l. 1, c, 4—8, p. 17—50). Il est incontestable que le grand Bartole (p. 406, 407, voyez, l. 1, c. 9, p. 5o—62), consulta le livre des Pandectes de Pise.

(90) Pise fut prise par les Florentins l'an 1406; et, en 1411, ils transportèrent les Pandectes dans leur capitale. Ces événemens sont authentiques et célèbres.

(91) On les relia de nouveau avec soin; on les enferma dans une riche cassette ; et les moines et les magistrats les montraient aux curieux, nue tête et avec des torches allumées (Brenckman, l. 1, c. 10, 11, 12, p. 62—93).

(92) Henri Brenckman, Hollandais, après avoir comparé le texte de Politien, de Bologninus et d'Antoninus Augustinus, et la belle édition des Pandectes par Taurellus, en 1551, entreprit un voyage à Florence. Il y passa plusieurs années à étudier ce seul manuscrit. Son *Historia Pandectarum Florentinarum* ; Utrecht, 1722, in-4°, qui annonce un si grand travail, n'est qu'une petite partie de son premier plan.

tenir le texte des Pandectes et du Code, Justinien défendit rigoureusement l'usage des chiffres et des abréviations; et, se souvenant que le nombre des commentateurs avait anéanti l'Edit Perpétuel, il déclara qu'on punirait, comme des faussaires, les jurisconsultes qui oseraient interpréter ou pervertir le texte de la volonté du souverain. Si on observait cette loi, il faudrait punir d'un grand nombre de crimes les élèves d'Accurse, de Bartole et de Cujas, et ils seraient réduits à contester le droit du prince qui l'a publié, et à soutenir qu'il n'a pu enchaîner ses successeurs et la liberté naturelle de l'esprit. Au reste, Justinien ne pouvait fixer son inconstance en matière de législation; et, tandis qu'il se vantait de changer, comme Diomède, l'airain en or (93), il aperçut la nécessité de purifier son or, et d'en ôter les matières d'un moindre aloi. Six ans ne s'étaient pas écoulés

---

(93) χρύσεα χαλκείων, ἑκατόμβοι ἐννεαβοίων, *apud Homerum patrem omnis virtutis* (première préface des Pandectes). Un vers de Milton ou du Tasse nous surprendrait dans un acte du parlement d'Angleterre. *Quæ omnia obtinere sancimus in omne ævum.* Il dit, seconde préface, en parlant du premier Code, *in æternum valiturum.* Il s'agit d'un ouvrage de l'homme, et on dit qu'il durera à jamais!

depuis la publication du Code, lorsqu'il déclara
que la première édition était imparfaite, et en
fit faire une nouvelle plus soignée. Il ajouta à
celle-ci deux cents de ses propres lois, et cinquante décisions sur les points les plus obscurs
et les plus épineux de la jurisprudence. Chaque
année, ou, selon Procope, chaque jour de
son règne d'une longue durée fut marqué par
quelque innovation sur ces matières. Il révoqua
lui-même plusieurs de ses lois; ses successeurs
en rejetèrent beaucoup d'autres; le tems en fit
disparaître un grand nombre; mais seize ÉDITS
et cent soixante-huit NOVELLES (94) ont été
admis dans le recueil authentique de la jurisprudence civile. Un philosophe, supérieur aux
préjugés de son état, a pensé qu'on ne pouvait
expliquer ces variations perpétuelles et sur des
choses d'une si mince importance, qu'en disant
que Justinien vendait également, et sans rougir,

------

(94) Le terme de *Novellæ* est adjectif dans la bonne lati-
nité, et substantif dans celle des tems barbares (Ludewig,
p. 245). Justinien ne les a jamais recueillies. Les neufs colla-
tions qui servent de règle aux tribunaux modernes, renfer-
ment quatre-vingt-dix-huit Novelles; mais les recherches de
Julien, de Haloander et de Contius (Ludewig, p. 249,
258, Alleman. *Notæ in anecdot.* p. 98), en ont augmenté le
nombre.

ses jugemens et ses lois (95). L'accusation de *l'historien secret* est formelle et véhémente, il est vrai ; mais on peut attribuer à la dévotion de ce prince, aussi bien qu'à son avarice, le seul trait que cite Procope : Un riche dévot avait légué son héritage à l'église d'Emesse, et la valeur apparente de cette succession avait été augmentée par un habile faussaire, qui avait contrefait la signature des habitans de la Syrie les plus aisés, sur des reconnaissances de dettes et des promesses de paiement. Les Syriens firent valoir une prescription de trente ou quarante années ; mais une loi rétroactive, qui donnait aux prescriptions de l'église l'étendue d'un siècle, détruisit ce moyen de défense ; loi tellement injuste et tellement susceptible d'enfanter des désordres, qu'elle fut révoquée dans le même règne (96), lorsqu'elle eut rempli l'objet que le prince avait eu en vue lorsqu'il la publia. Si l'on pouvait, pour disculper l'empereur, re-

---

(95) Montesquieu, *Considérations sur la grandeur et la décadence des Romains*, c. 20. Il se débarrasse ici de la robe et du bonnet d'un président à mortier.

(96) Procope (*Anecdot.* c. 26). On accorda un semblable privilége à l'église de Rome (*Novel.* ix). Voyez sur la révocation générale de ces funestes priviléges, la *Novelle* 101 et *l'édit.* 5.

jeter la corruption sur sa femme et sur ses fa-
voris, le soupçon d'un vice si bas dégraderait
encore la majesté de ses lois ; et les défenseurs
de Justinien doivent reconnaître qu'une pareille
légèreté, quel qu'en ait été le motif, fut indigne d'un législateur et même d'un homme.

Les monarques daignent rarement donner
des leçons à leurs sujets, et on doit quelques
éloges à Justinien, qui fit réduire un grand
système en un traité élémentaire de peu d'é-
tendue. Parmi les divers Institutes des lois romaines (97), ceux de Gajus (98) étaient les plus
en usage en Orient et en Occident, et leur usage
prouve leur mérite. Tribonien, Théophile et Do-
rothée, délégués de l'empereur, les adoptèrent :

---

(97) Lactance, dans ses Institutes du christianisme, ouvrage élégant et spécieux, suit la méthode des jurisconsultes.
*Quidam prudentes et arbitri æquitatis institutiones civilis
juris compositas ediderunt* (Institut. Divin. l. 1, c. 1). Il
voulait parler de Ulpien, de Paul, de Florentinus et de Marcien.

(98) L'empereur Justinien se sert du mot de *suum*, en
parlant de Gajus, quoique cet écrivain soit mort avant la fin
du deuxième siècle. Servius, Boëce, Priscien, etc., citent ses
Institutes, et nous avons l'épitome qu'en a fait Arrien, (Voyez
les Prolégomènes et les notes de l'édition de Schulting, dans
la *Jurisprudentia antè justinianea*. Lugd. Bat. 1717, Heineccius, *Hist. J. R.* n°. 313, Ludewig, *in Vit. Just.* p. 199.)

on mêla à la liberté et à la pureté des siècles
des Antonins les idées plus grossières d'un
siècle dégénéré. Ce volume, qui disposait la
jeunesse de Rome, de Constantinople et de
Béryte, à l'étude graduelle du Code et des Pandectes, est encore précieux pour l'historien,
le philosophe et le magistrat. Les institutes
de Justinien sont divisés en quatre livres : la
méthode en est assez bonne; après avoir traité,
1°. des *personnes*. ils parlent, 2°. des *choses*;
ils passent des choses, 3°. aux *actions*, et 4°. les
principes des lois criminelles sur les *injures
privées* terminent le livre.

§. I. *Des Personnes.*

I. La distinction des rangs et des personnes
est la base la plus solide d'un gouvernement
mixte et limité. En France, le courage, les
honneurs et même les préjugés de cinquante
mille nobles y gardent les restes de la liberté (99).

(99) Voyez les *Annales politiques* de l'abbé de Saint-
Pierre, t. i, p. 25. Il les publia en 1735. Les plus anciennes
familles se vantent d'une possession immémoriale de leurs
armes et de leurs fiefs. Depuis les croisades, quelques-unes
(et ce sont celles qui paraissent les plus dignes de respect)
ont été anoblies en considération de leur mérite et de leurs
services. La tourbe récente et vulgaire vient de cette multi-

Deux cents familles, qui de père en fils forment la seconde branche de la législation de la Grande-Bretagne, maintiennent la balance de la constitution entre le roi et les communes de l'Angleterre. Une gradation de patriciens et de plébéiens, d'étrangers et de sujets a soutenu l'aristocratie de Gênes, de Venise et de l'ancienne Rome. C'est au point de l'égalité parfaite des hommes que la démocratie et le despotisme se confondent, puisque la majesté du prince, ou celle du peuple, serait blessée si quelques têtes s'élevaient au-dessus du niveau de leurs compagnons d'esclavage où leurs concitoyens. Au déclin de l'empire de Rome, les orgueilleuses distinctions de la république s'anéantirent peu à peu, et la raison, ou l'instinct de Justinien, acheva de rendre la monarchie absolue. Il ne pouvait détruire ce respect populaire qu'on accorde toujours à la richesse transmise de père en fils, ou à la mémoire d'aïeux célèbres. Il se plaisait à donner des titres et de l'argent aux généraux, aux magistrats et aux sénateurs, et ceux-ci faisaient passer sur leurs femmes et leurs enfans quelques

____

tude de charges vénales sans exercice ou sans dignité, qui tirent perpétuellement de riches plébéiens de la classe des roturiers.

rayons de leur gloire. Mais, aux yeux de la loi, tous les Citoyens de Rome étaient égaux, et tous les sujets de l'empire étaient Citoyens de Rome. Cette qualité, qui avait été jadis d'un prix inestimable, ne donnait plus qu'un vain titre. Un Romain n'avait plus de part à la législation, et il ne pouvait plus créer les ministres annuels de son pouvoir. Les droits, dont il était revêtu par la constitution, auraient gêné la volonté absolue d'un maître, et on accordait à des aventuriers de la Germanie ou de l'Arabie l'autorité civile et militaire, réservée jadis au seul Citoyen sur les conquêtes de ses aïeux. Les premiers Césars avaient maintenu avec scrupule les extractions *libres* et les extractions *serviles*, qu'on déterminait d'après l'état de la mère; et les lois étaient satisfaites si celle-ci avait eu un seul moment sa liberté entre la conception et l'accouchement. Les esclaves, à qui un maître généreux rendait la liberté, entraient tout de suite dans la classe des *Libertini*, ou des affranchis; mais rien ne pouvait jamais les dispenser des devoirs de l'obéissance et de la gratitude; leur patron et sa famille héritaient de la troisième partie de tout ce qu'ils acquéraient par leur industrie, lorsqu'ils quittaient la vie sans enfans ou sans avoir fait de testament. Justinien respecta les

droits des patrons, mais il fit disparaître la flé-
trissure des deux espèces inférieures d'affranchis :
quiconque cessait d'être esclave obtenait sans
réserve ou sans délai la qualité de Citoyen ; et
enfin la toute-puissance de l'empereur créa ou
supposa la dignité d'une naissance libre. Pour
éviter l'abus des affranchissemens, et prévenir l'accroissement trop rapide des Romains
de la dernière classe et dévoués à la misère, il
s'était introduit plusieurs règles sur l'âge et le
nombre de ceux qu'on pouvait affranchir, sur
les formes qu'on suivait dans leur manumission ;
Justinien abolit enfin toutes ces règles, et l'esprit
de ses lois favorisa l'extinction de la servitude
domestique. Au reste, les provinces de l'Orient
étaient remplies, sous son règne, d'une multitude d'esclaves, nés ou achetés pour l'usage de
leurs maîtres ; et leur âge, leur force et leur éducation déterminaient leur prix, qui variait de
dix à soixante-dix pièces d'or (100). Mais l'in-

---

(100) Si un testament donnait à plusieurs légataires un esclave à choisir, ils le tiraient au sort, et ceux qui ne l'obtenaient pas, avaient droit à une partie de sa valeur : un jeune
garçon ou une jeune fille, qui avait moins de dix ans, était
évaluée dix pièces d'or, et vingt pièces au-dessus de dix ans :
si l'esclave savait un métier, trente ; s'il était notaire ou scribe,
quante ; s'il était accoucheur ou médecin, soixante. Les eu-

fluence du gouvernement et de la religion di-
minuait sans cesse les maux de cet état de
servitude, et un sujet de l'empire ne pouvait
plus s'enorgueillir d'exercer une autorité absolue sur la vie et le bonheur de son esclave (101).

La loi de la nature instruit la plupart des animaux à nourrir et à élever leurs enfans ; la
loi de la raison inspire la piété filiale à l'espèce
humaine : mais l'autorité exclusive, absolue et per-
pétuelle du père sur ses enfans, est particulière
à la jurisprudence des Romains (102) ; et elle

---

nuques de moins de dix ans valaient dix pièces d'or ; et de
plus de dix ans, cinquante ; s'ils s'adonnaient au trafic,
soixante-dix (*Cod. leg.* 6, tit. 43, leg. 3'). Ces prix, fixés
par la loi, étaient en général au-dessous de ceux du marché.

(101) Voyez, sur l'état des esclaves et des affranchis, les
Institutes (l. 1, tit. 3—8; l. 2, tit. 9; l. 3, t. 8, 9), les
Pandectes ou le Digeste (l. 1, tit. 5, 6; l. 30, tit. 1—4, et
le livre 40ᵉ en entier) ; le Code (l. 6, tit. 4, 5; liv. 7, tit. 1
—23). Lorsque je citerai désormais le texte original des Ins-
tutes et des Pandectes, je renverrai en même tems aux articles qui leur correspondent dans les Antiquités et les Élémens
de Heineccius ; et lorsqu'il s'agira des vingt-sept premiers
livres des Pandectes, on voudra bien voir aussi le commentaire savant et raisonnable de Gérard Noodt (*Opera*, t. 2,
p. 1—590 à la fin. Lugd. Bat. 1724).

(102) Voyez ce que disent sur *patria potestas*, les Insti-

paraît aussi ancienne que la fondation de la ville (103): Romulus lui-même établit ou confirma la puissance paternelle; et, après une expérience de trois siècles, elle fut inscrite sur la quatrième table des Décemvirs. Au Forum, au Sénat, ou dans les camps, le fils adulte d'un citoyen de Rome jouissait des droits publics et privés d'une *personne*; mais dans la maison de son père, il n'était qu'une *chose*. Les lois le mettaient dans la classe des meubles, du bétail et des esclaves, qu'un maître capricieux pouvait aliéner ou détruire sans répondre de sa conduite à aucun tribunal humain. La main qui fournissait au fils la subsistance journalière pouvait l'en priver; et tout ce qu'il acquérait

---

tutes (l. 1, tit. 9), les Pandectes (l. 1, tit. 6, 7), et le Code (l. 8, tit. 47, 48, 49). *Jus potestatis quod in liberos habemus, proprium est civium Romanorum. Nulli enim alii sunt homines, qui talem in liberos habeant potestatem qualèm nos habemus.*

(103) Denis d'Halycar. (l. 2, p. 94, 95). Gravina (Opp. p. 286), rapportent les termes des Douze-Tables. Papinien, (*in Collatione legum roman, et mosaïcarum*, tit. 4, p. 204), donne au *patria potestas* le nom de *lex regia.* Ulpien (ad Sabin. l. 16, *in Pandect.* l. 1, tit. 6, leg. 8), dit : *Jus potestatis moribus receptum; et furiosus filium in potestate habebit.* Combien cette disposition est effrayante !

par le travail ou la fortune se confondait à l'instant même dans la propriété de son père. L'action par laquelle celui-ci réclamait contre un vol, soit qu'il s'agît de ses bœufs, soit qu'il s'agît de ses enfans, était la même (104); et si le bœuf ou l'enfant avait commis un délit, il dépendait du père ou du maître de réparer le dommage, ou de livrer à la partie injuriée l'animal coupable. Le maître de famille qui se trouvait dans l'indigence, ou qui avait de l'avarice, pouvait disposer de ses enfans et de ses esclaves : mais la condition de l'esclave était la moins désavantageuse, puisque le premier affranchissement lui rendait sa liberté; le fils, au contraire, rentrait alors sous l'empire d'un père dénaturé, qui pouvait le condamner à la servitude une seconde et une troisième fois; et ce n'est qu'après avoir été vendu et affranchi trois fois (105), qu'il était délivré de ce pouvoir paternel dont on avait abusé si sou-

---

(104) Pandectes, l. 47, tit. 2, leg. 14, n° 13; leg. 38, n° 1. Telle était la décision d'Ulpien et de Paul.

(105) La *trina mancipatio* est définie clairement par Ulpien (*Fragment* x, p. 591, 592, édit. Schulting). Les *Antiquités* de Heineccius en parlent d'une manière encore plus claire.

vent contre lui. Un père punissait à volonté les fautes réelles ou imaginaires de ses enfans ; il les condamnait au fouet, à la prison et à l'exil, ou il les reléguait à la campagne, et il les y faisait travailler enchaînés comme les derniers des esclaves. L'autorité du père allait beaucoup plus loin ; il était armé du droit de vie et de mort (106) ; et on rencontre dans les annales de Rome, par delà les tems de Pompée et d'Auguste, des exemples de ces exécutions auxquelles on donne quelquefois des éloges, et qu'on ne punit jamais. Ni l'âge, ni le rang, ni la dignité de Consul, ni les honneurs du triomphe, ne pouvaient soustraire le citoyen le plus illustre aux liens de la servitude filiale (107) : ses descen-

---

(106) Justinien (Institut. l. 4, tit. 9, n°. 7), rapporte et réprouve l'ancienne loi qui accordait aux pères le *jus necis*. On en retrouve d'autres vestiges dans les Pandectes (l. 43, tit. 29, leg. 3, n° 4); et dans la *Collatio legum romanarum et mosaïcarum* (tit. 2, n° 3, p. 189).

(107) Il faut excepter toutefois l'exercice actuel des emplois publics. *In publicis locis atque muneribus, atque actionibus patrum, jura cum filiorum qui in magistratú sunt, potestatibus collata interquiescere paululum et connivere*, etc. (Aulu-Gelle, *Nuits Attiques*, ii, 2). L'ancien et mémorable exemple de Fabius justifiait les leçons du philosophe Taurus; et on retrouve la même histoire, embellie

dans se trouvaient compris dans la famille de leur commun ancêtre; et les droits que donnait l'adoption n'étaient ni moins sacrés, ni moins rigoureux que ceux de la nature. Les législateurs de Rome, en accordant un pouvoir si dangereux, avaient eu une confiance sans borne dans l'amour paternel; et la certitude qu'avait chaque génération d'arriver à son tour à l'importante dignité de père et de maître, tempéra les maux de cet esclavage.

On attribue à la justice et à l'humanité de Numa la première restriction mise à d'autorité paternelle; la jeune fille qui, de l'aveu de son père, avait épousé un affranchi, n'avait plus à craindre de devenir là femme d'un esclave. La vente des enfans dut être commune dans les premiers siècles, lorsque les peuples du Latium et de la Toscane resserraient et souvent affamaient la ville; mais la loi ne permettant pas à un citoyen de Rome d'acheter la liberté de son concitoyen, ces ventes diminuèrent peu à peu, et les conquêtes de la république durent anéantir cet odieux commerce. Enfin, on communiqua aux enfans un droit imparfait de propriété, et la

---

bellie par le style de Tite-live (xxiv, 44), et gâtée par la doctrine grossière de l'annaliste Claudius Quadrigarius.

jurisprudence du Code et des Pandectes détermine trois espèces de pécule, sous le nom de *pro-
fectium, adventitium* et *professionale* (108).
Lorsque le père semblait accorder à ses enfans
une partie de sa propriété, il n'en donnait que
l'usufruit, et s'en réservait le domaine absolu :
toutefois, lorsqu'on vendait ses biens, on en exceptait la portion de ses enfans, d'après une interprétation favorable qui était devenue une coutume. Le fils avait la propriété de tout ce qu'il
acquérait par mariage, par des dons, par des
successions collatérales ; mais le père en avait
l'usufruit durant sa vie, à moins qu'il n'eût été
exclus de cette jouissance d'une manière formelle. On récompensa avec raison la valeur militaire, et un soldat acquérait, possédait et léguait
les dépouilles de l'ennemi : d'après le même
principe, on laissa aussi le fils maître absolu de
ce qu'il gagnait dans une profession libérale, des
salaires qu'il recevait pour un service public, et
de ce qu'il obtenait de la libéralité de l'empereur ou de l'impératrice. La vie d'un citoyen

____

(108) Voyez la manière dont le pécule des enfans s'étendit
et acquit peu à peu de la sûreté dans les Institutes (l. 2, tit.
9); les Pandectes (l. xv, tit. 1, l. 41, tit. 1), et le Code,
(l. 4, tit. 26, 27).

était moins exposée que sa fortune à l'abus de l'autorité paternelle. Cependant, sa vie pouvait contrarier les intérêts ou les passions d'un père vicieux : les crimes qui venaient de la corruption des mœurs firent une impression plus vive sur l'humanité du siècle d'Auguste ; et l'empereur enleva à la juste fureur de la multitude le cruel Erixo , qui ôta la vie à son fils en le battant de verges (109). Les pères , qui avaient jusqu'alors exercé un empire absolu et capricieux sur leurs enfans , furent réduits à la gravité et la modération d'un juge. La présence et l'opinion d'Auguste confirmèrent le décret d'exil prononcé contre un parricide d'intention , par le tribunal domestique d'Arius. Adrien relégua dans une île un père jaloux , qui , semblable à un voleur , avait profité d'un tems de chasse pour assassiner un jeune homme , amant incestueux de sa belle-mère (110). Une juridiction domestique répugne

---

(109) Sénèque *(de Clementiâ, 1, 14, 15)*, cite les ples d'Erixo et d'Arius : il parle du premier avec horreur, et du second avec éloge.

(110) *Quod latronis magis quam patris jure eum interfecit, nam patria potestas in pietate debet, non in atrocitate consistere* (Marcien, *Institutes*, l. 14, in Paudect. l. 48, tit. 9, leg. 5).

à l'esprit de la monarchie ; le père perdit encore
l'autorité de juge , et ne conserva plus que celle
d'accusateur, et Alexandre Sévère enjoignit aux
magistrats d'écouter ses plaintes et d'exécuter
sa sentence. Il ne pouvait plus tuer son fils
sans encourir la peine décernée contre les meurtriers. Constantin le soumit au châtiment des par-
ricides dont l'avait affranchi la loi Pompéia (111).
On doit la même protection à toutes les époques
de la vie d'un enfant; et il faut donner des éloges
à Paul, qui déclare meurtrier le père qui étrangle,
laisse mourir de faim , abandonne ou expose
sur une place publique les enfans nouveaux nés.
Au reste, l'exposition des enfans tenait à un
abus introduit dans toutes les anciennes nations.
Elle fut quelquefois ordonnée, souvent permise,
et presque toujours pratiquée impunément, même
dans les pays où l'on n'eut jamais , sur la puissance paternelle, les idées qu'on avait à Rome ;

----

(111) Les lois Pompéia et Cornélia, *de sicariis et parri-
cidiis*, sont renouvelées ou plutôt abrégées avec les derniers
supplémens d'Alexandre Sévère, de Constantin et de Valentinien dans les Pandect (l. 48, tit. 8, 9) ; et dans le Code (l. 9,
tit. 16, 17). Voyez aussi le *Code Théodosien* (l. 9. tit. 14,
15), avec le *Commentaire de Godefroy*, (t. 3, p. 84—
113), qui verse sur ces lois pénales un torrent d'érudition
ancienne et moderne.

6

et les auteurs dramatiques, ceux de tous qui cherchent le plus à émouvoir le cœur humain, parlent avec indifférence d'une coutume populaire que palliaient les motifs de l'économie et de la compassion (112). Si le père venait à bout de triompher de ses émotions, il échappait, sinon à la censure, du moins à la peine décernée par les lois ; et l'empire romain fut souillé du sang de ces malheureuses victimes, jusqu'à l'époque où Valentinien et ses collègues déclarèrent que de pareils monstres étaient compris dans la lettre et l'esprit de la loi Cornélia. Les leçons de la jurisprudence (113) et du christianisme n'avaient pu détruire cet usage inhumain, et il ne dis-

(112) Lorsque le Chremès de Térence reproche à sa femme de lui avoir désobéi, en n'exposant pas leur enfant, il s'exprime comme un père et comme un maître, et il fait taire les scrupules d'une femme qui lui paraît une sotte. Voyez Apulée (*Métamorph.*, l. 10, p. 337, *édit. Delphin*).

(113) L'opinion des jurisconsultes et l'équité des magistrats avaient, à l'époque où Tacite vécut, introduit quelques restrictions légales, qui pouvaient justifier le contraste qu'il établit entre les *boni mores* des Germains et les *boni mores alibi*, c'est-à-dire à Rome (*de Moribus Germanórum*, c. 19). Tertullien (*ad Nationes*, l. 1, c. 15) réfute ses propres accusations et celles de ses confrères contre la jurisprudence païenne.

parut qu'après qu'il fut passible d'une peine capitale (114).

L'expérience a prouvé que les sauvages tyrannisent les femmes, et que les progrès de la civilisation adoucissent la condition de celles ci. Lycurgue avait différé l'époque du mariage, dans l'espoir d'obtenir des enfans robustes : Numa la fixa à douze ans, afin que l'époux pût élever à sa fantaisie la jeune vierge (115). L'époux, selon la coutume de l'antiquité, achetait sa femme, et celle-ci remplissait la *coemption* en achetant aussi, avec trois pièces de cuivre, le droit d'entrer dans la maison, et sous la protection des

---

(114) Cette décision sage et humaine du jurisconsulte Paul (l. 2, *Sententiarum*, *in Pandect.*, l. 25, tit. 3, leg. 4) n'est représentée que comme un précepte moral par Gérard Noodt (*Opp.*, t. 1, *in Julium Paulum*, p. 567—588, et *Amica Responsio*, p. 591—606), qui soutient l'opinion de Juste-Lipse (*Opp.*, t. 2, p. 409, *ad Belgas*, *Cent.* 1, *Epist.* 85); et Bynkershoek en parle comme d'une loi positive et obligatoire (*de Jure occidendi liberos*, *Opp.* t. 1, p. 318—340, *Curæ secundæ*, p. 391—427). Les deux amis tombèrent dans les extrémités opposées dans cette controverse savante et pleine d'aigreur.

(115) Denys d'Halycarn. (l. 2, p. 92, 93); Plutarque (*in Numâ*, p. 140, 141), Το σωμα καὶ το ηθος καθαρον καὶ αβικτον επι τω γαμεντι γενεσθαι.

pénates du mari. Les pontifes présentaient des
fruits aux Dieux, en présence de dix témoins ;
les deux époux étaient assis sur la même peau
de mouton ; ils mangeaient un gâteau de *far*
(de froment) et de riz ; et cette *confarréation* (116), qui rappelait l'ancienne nourriture
de l'Italie, était l'emblême de l'union mystique
de leur esprit et de leur corps : mais la femme
s'assujétissait à une union sévère et inégale : elle
renonçait au nom et aux pénates de son père,
pour embrasser une nouvelle servitude, décorée
seulement par un titre d'adoption. Une fiction
de la loi, qui manquait de raison et de délica-
tesse, donnait à la mère de famille (117) le caractère de sœur de ses propres enfans, et de fille

---

(116) On employait le froment d'hiver, le *triticum*, où le
froment barbu ; le *siligo*, ou le blé non barbu ; le *far*, l'*ado-
rea*, l'*oryza*, dont la description s'accorde parfaitement
avec le riz d'Espagne et d'Italie. J'adopte cette identité, d'a-
près l'autorité de M. Paucton, dans son utile et laborieux
ouvrage sur la Métrologie, p. 517—529.

(117) Aulu-Gelle (*Nuits Attiques*, XVIII, 6) donne une
définition ridicule d'Elius Melissus, *Matrona quæ semel*,
MATER FAMILIAS *quæ sæpiùs peperit*, comme s'il s'agissait
d'une *porcetra* et d'une *scropha*. Il explique ensuite sa pensée
par ces mots : *Quæ in matrimonium vel in manum conve-
nerat*.

de son mari ou de son maître, lequel, en cette
qualité, avait toute la plénitude du pouvoir paternel : il approuvait, il censurait, il punissait
la conduite de son épouse d'après sa volonté,
ou plutôt d'après son caprice : il exerçait un droit
de vie et de mort ; et, dans les cas d'adultère ou
d'ivrognerie, l'usage l'autorisait à la tuer (118).
Les biens qu'elle acquérait, ou dont elle héritait,
appartenaient à son maître, et la femme se trouvait bien clairement comprise dans la classe des
choses, et non dans celle des *personnes*, puisqu'à défaut de titre originaire, on pouvait la réclamer ainsi que les autres meubles, d'après l'*usage*
et la possession d'une année entière. A Rome,
le devoir conjugal, que les lois d'Athènes et les
lois juives avaient fixé avec tant de soin, dépendait du mari ; mais la polygamie était inconnue ;
il ne pouvait jamais admettre à sa couche une
autre femme plus belle et plus favorisée.

Lorsque Rome eut triomphé des Carthaginois,
les matrones réclamèrent les avantages d'une république libre et opulente : leurs vœux furent
remplis par l'indulgence des pères et des amans,
et la gravité de Caton le censeur s'opposa vaine-

---

(118) C'était même assez d'avoir goûté du vin ou dérobé
la clef du cellier. Pline (*Hist. Nat.*, xiv, 14).

ment à leur ambition (120). Elles se débarras-
sèrent des anciennes formalités de la noce; elles
éludèrent la prescription annuelle, en s'absen-
tant trois jours ; les articles de leur contrat de
mariage furent moins tyranniques et mieux déterminés ; et elles le signèrent sans perdre leur
nom et leur indépendance : elles donnaient à
l'époux l'usufruit de leur fortune particulière,
mais elles en gardaient la propriété : un mari
prodigue ne pouvait ni aliéner ni engager leurs
biens. L'inquiétude des lois interdisait les dons
mutuels , et l'inconduite de l'une des parties
donnait lieu , sous un autre nom , à une action
de vol. Les cérémonies religieuses et civiles n'é-
taient plus de l'essence de ce contrat devenu
si relâché et si volontaire ; et, entre les personnes
de même rang, la communauté apparente d'ha-
bitation passait pour une preuve suffisante de
mariage. Les chrétiens, qui attendaient des secours spirituels des prières des fidèles et de la
bénédiction du prêtre ou de l'évêque, rétablirent

(120) Tite-Live (l. 34, 1—8) rapporte le discours mo-
déré de Valérius Flaccus , et la harangue sévère de Caton
l'aîné; mais les orateurs du 6e siècle de la fondation de Rome
n'avaient pas le style élégant que leur prête l'historien du 8e.
Aulu-Gelle (x, 23) a mieux conservé les principes et même
le style de Caton.

la dignité du mariage. La tradition de la synagogue, les préceptes de l'évangile, les canons des synodes généraux ou provinciaux (121) réglaient l'origine, la validité et les devoirs de cette sainte institution ; et les décrets et les censures de l'église intimidaient la conscience des chrétiens. Au reste, les magistrats de Justinien n'étaient pas soumis à l'autorité de l'église : l'empereur consultait les légistes incrédules de l'antiquité ; et des motifs purement terrestres, tels que ceux de la justice, de la politique et de la liberté naturelle des deux sexes, ont fait insérer dans le Code et les Pandectes les lois qu'on y trouve sur le mariage (122).

---

(121) Voyez, sur le système du mariage des juifs et des catholiques, Selden (*Uxor Hebraica*, Opp., vol. 2, p. 529—860), Bingham (*Christian. Antiquitates*, l. 22), et Chardon (*Histoire des Sacremens*, t. 6).

(122) Les lois civiles du mariage sont exposées dans les Institutes (l. 1, tit. 10), dans les Pandectes (l. 23, 24, 25), et dans le Code (l. 5) ; mais le titre de *Ritu Nuptiarum* est imparfait, et il faut recourir aux Fragmens d'Ulpien (tit. 9, p. 590, 591), et à la *Collatio legum mosaïcarum* (tit. 16, p. 790, 791), avec les notes de Pithæus et de Schulting. Il y a deux passages curieux dans le commentaire de Servius sur le premier livre des Géorgiques et le quatrième de l'Enéide.

Outre l'accord des parties , nécessaire dans tous les contrats raisonnables , le mariage , chez les Romains , exigeait l'aveu des parens. On pouvait, d'après des lois récentes , forcer le père à subvenir aux besoins d'une fille arrivée à un âge mûr. Au reste, un état de démence reconnu ne dispensait pas toujours de l'obligation d'obtenir son consentement. Les causes de la dissolution du mariage ont varié (123) ; mais des cérémonies d'une nature contraire pouvaient toujours annuller le mariage le plus solennel, la *confarréation* elle - même. Dans les premiers siècles , un père de famille était le maître de vendre ses enfans, et sa femme se trouvait comprise dans le nombre des enfans. Armé d'un pouvoir domestique , il pouvait la condamner à la mort ou la chasser de son lit et de sa maison ; il ne restait aucun espoir à la malheureuse

(123) Selon Plutarque, Romulus n'admit que trois causes de divorce, l'ivrognerie, l'adultère et les fausses clefs. En tout autre cas, lorsque l'époux abusait de son droit de suprématie, la moitié de ses biens était, dit-on, confisquée au profit de la femme, l'autre moitié au profit de la déesse Cérès, et il offrait un sacrifice aux divinités de la terre avec le reste. Mais que pouvait-il lui rester après l'emploi des deux moitiés de toute sa fortune ? Cette étrange loi est imaginaire, ou elle n'a été que passagère.

épouse, et son esclavage était perpétuel, à moins
que le mari, déterminé par sa propre conve-
nance, ne voulût la répudier ; autre privilége
qu'ils avaient obtenu. On a donné de grands
éloges à la vertu des Romains, qui, durant plus
de cinq siècles, ne firent aucun usage de ce privilége si séduisant (124); mais ce fait même
montre l'inégalité d'une liaison, dans laquelle
l'esclave ne pouvait renoncer à son tyran, et où
le tyran ne voulait point abandonner son esclave.
Lorsque les matrones romaines furent devenues
les compagnes volontaires et les égales de leurs
maris, une nouvelle jurisprudence s'établit ; et
le mariage se rompit, comme toutes les autres
associations, par le désistement d'un des asso-
ciés. En trois siècles de prospérité et de corruption, ce principe devint pratique, et entraîna
de funestes abus. Les passions, l'intérêt ou le
caprice excitaient chaque jour à demander la
dissolution du mariage : un mot, un signe, un

------

(124) L'an de Rome 523, Spurius Carvilius Ruga répudia
une femme qui avait de la beauté et de la bonté, mais qui
était stérile. (Denys d'Halicar., l. 2, p. 93; Plutarque, *in
Numá*, p. 141; Valère Maxime, l. 2, c. 1; Aulu-Gelle, iv,
5.) Il fut mandé par les censeurs et détesté du peuple, mais
son divorce était valide d'après les lois.

message , une lettre , la bouche d'un affranchi , déclaraient la séparation ; et la plus tendre des liaisons humaines devenait une association passagère d'intérêt ou de plaisir. Selon les diverses conditions de la vie , cet arrangement nuisait tour à tour aux deux sexes : une femme inconstante portait ses richesses dans une nouvelle famille ; elle abandonnait à son premier époux un grand nombre d'enfans , qui peut-être n'étaient pas de lui. Une femme , unie vierge et belle , se trouvait , à l'époque de sa vieillesse , rejetée dans le monde , sans ressources et sans amis ; mais , lorsque Auguste pressa les Romains de se marier , leur répugnance prouva assez que les lois établies alors sur les mariages étaient moins favorables aux hommes. Cette expérience si libre et si complète des Romains démontre , malgré des théories spécieuses , que la liberté du divorce ne contribue pas au bonheur et à la vertu. La facilité des séparations détruit la confiance mutuelle , aigrit les disputes les plus minutieuses. Il y a si peu de différence alors entre un mari et un étranger , et cette différence peut être même écartée avec si peu de peine , qu'elle peut être oubliée encore plus aisément ; et la matrone , qui , en cinq années , peut se livrer aux embrassemens de huit maris , ne doit plus avoir aucun respect pour la chasteté (125).

Des remèdes insuffisans suivirent, à pas tardifs et éloignés, les rapides progrès du mal. Il y avait dans l'ancienne religion des Romains une déesse particulière qui écoutait les plaintes des époux, et qui les réconciliait ; mais son nom de *Viriplaca* (126), *qui apaise les maris*, indiquait assez nettement le côté où l'on voulait toujours trouver la soumission et le repentir. Toutes les actions d'un citoyen étaient soumises au jugement des *censeurs* ; ils mandèrent le premier qui usa du privilége du divorce, et il exposa devant eux les motifs de sa conduite (127).

------

(125)   — *Sic fiunt octo mariti*
    Quinque per autumnos.   (Juv. sat. vi, 20.)

Quoique cette succession soit bien rapide, toutefois elle est croyable, ainsi que le *non consulum numero, sed maritorum annos suos computant* de Sénèque (*de Beneficiis*, iii, 16). Saint Jérôme vit à Rome un mari qui enterrait sa vingt-unième femme, laquelle avait enterré vingt-deux de ses prédécesseurs, moins robustes que lui. (*Opp.*, t. 1, p. 90, *ad Gerontiam*). Mais les dix maris en un mois, du poète Martial, sont une hyperbole extravagante (l. 6, *épigr.* 7).

(126) Publius Victor, dans la description de Rome, parle d'un *Sacellum Viriplacæ* (Valère Maxime, l. 2, c. 1) qui se trouvait dans le quartier Palatin au tems de Théoduse.

(127) Valère Maxime, l. 2, c. 9. Il juge le divorce plus

Ils deposèrent un sénateur qui avait renvoyé sa fiancée, encore vierge, sans en instruire ses amis, et sans prendre leur conseil. Lorsqu'on réclamait un douaire en justice, le *préteur*, en qualité de gardien de l'équité, examinait la cause et le caractère des parties, et il inclinait la balance en faveur de celle qui n'était point coupable, et à laquelle on voulait faire tort. Auguste, réunissant le pouvoir des censeurs et des préteurs, adopta leurs diverses méthodes de réprimer ou de châtier la licence du divorce (128). Il fallait sept témoins pour valider cet acte solennel et réfléchi; si le mari s'était mal conduit à l'égard de sa femme, au lieu d'un délai de deux ans, il devait, sur-le-champ ou dans l'espace de six mois, rembourser la dot qu'elle lui avait apportée. Les princes chrétiens furent les premiers qui désignèrent avec précision les justes causes du divorce entre particuliers; leurs lois, depuis Constantin jusqu'à Justinien, semblent flotter entre la cou-

---

criminel que le célibat : *Illo namque conjugalia sacra spreta tantùm, hoc etiam injuriosè tractata.*

(128) Voyez les lois d'Auguste et de ses successeurs, dans Heineccius (*ad Legem Papiam-Poppeam*, c. 19, *in Opp.*, l. 6, p. 323—333).

tume de l'empire et les vœux de l'église (129) ;
et l'auteur des Novelles réforme trop souvent la
jurisprudence du Code et des Pandectes. Les
lois les plus rigoureuses condamnaient une femme
à supporter un joueur, un ivrogne ou un libertin,
à moins qu'il ne fût coupable d'homicide , d'empoisonnement ou de sacrilége , c'est-à-dire d'au
moins deux crimes qui suffisaient déjà pour
que la main du bourreau pût dissoudre le mariage ; mais elles maintenaient invariablement
le droit du mari , afin de sauver son nom et sa
famille de la honte d'un adultère. Des réglemens
successifs abrégèrent et étendirent la liste des
délits qui , de la part de l'homme et de celle de
la femme , pouvaient donner lieu au divorce , et
il fut convenu qu'une impuissance sans remède ,
une longue absence , et la profession monastique , annullaient les obligations du mariage. On
condamnait à des peines graves et variées quiconque transgressait la loi. On dépouillait la
femme de ses richesses et de ses ornemens ; on
n'en exceptait pas l'aiguille de ses cheveux. Si le

---

(129) *Aliæ sunt leges Cæsarum, aliæ Christi : aliud
Papinianus, aliud Paulus* noster *præcipit.* (S. Jérôme ,
t. 1, p. 198; Selden, *Uxor Hebraica*, l. 3, c. 31, p. 847—
853.)

mari introduisait une autre femme dans son lit; la femme répudiée avait droit de saisir la fortune de la nouvelle épouse. La peine de la confiscation se commuait quelquefois en celle d'une amende; outre l'amende, quelquefois on transportait le coupable dans une île, ou on l'emprisonnait dans un monastère. La partie injuriée était affranchie des liens du mariage, et le coupable, durant sa vie, ou durant un certain nombre d'années, ne pouvait plus convoler à un second mariage. Le successeur de Justinien écouta les prières de ses malheureux sujets, et rétablit la liberté du divorce par consentement mutuel, c'est-à-dire pour les cas où les deux époux le demanderaient simultanément. Les jurisconsultes furent d'un avis unanime sur ce point (130); l'opinion des théologiens fut partagée (131); car le mot dou-

---

(130) Les Institutes ne disent rien sur cet objet; mais on peut voir le *Code de Théodose* (l. 3, tit. 16, avec le *Comment. de Godefroy*, t. 1, p. 310—315), et celui de Justinien (l. 5, tit. 17), les Pandectes (l. 24, tit. 2), et les Novelles, 22, 117, 127, 134, 140. Justinien flotte jusqu'à son dernier moment entre la loi civile et la loi ecclésiastique.

(131) Πορνεια n'est pas un mot commun dans les bons auteurs grecs; et la fornication, qu'il signifie proprement, ne peut, à la rigueur, convenir à l'infidélité du mariage. Jus-

teux , que renferme le précepte de l'évangile, se prête à toutes les interprétations que la sagesse du législateur peut demander.

Des obstacles naturels et civils restreignaient chez les Romains la liberté de l'amour et du mariage. Un instinct , presque inné et presque universel , semble interdire le commerce incestueux (132) des pères et des enfans , à tous les

---

qu'où peut-il s'étendre , et à quelles offenses est-il applicable dans un sens figuré? Jésus-Christ parlait-il la langue des rabbins ou la langue syriaque? Quel est le mot original qu'on a rendu par celui de Πορνεια ? Dans les versions anciennes et modernes, on traduit ce mot grec de bien des manières différentes. Si on veut soutenir que J.-C. n'excepta pas cette cause de divorce, on a deux autorités, S. Marc (x, 11), S. Luc (xvi, 18) contre une, S. Mathieu (xix , 9). Quelques critiques, adoptant une réponse qui élude la difficulté out osé croire qu'il ne voulait offenser ni l'école de Samnai ni celle de Hillel. (Selden, *Uxor Hebraica*, l. 3, c. 18, 22, 28, 31.)

(132) Justinien oppose les principes de la jurisprudence romaine (*Institut.*, l. 1, tit. 10); et les lois et les mœurs des différentes nations de l'antiquité, sur les degrés défendus, etc., sont développées en détail par le docteur Taylor, dans ses *Elémens de la Loi civile*, p. 108, 314—339, ouvrage d'une érudition amusante et variée, mais dont on ne peut louer la précision philosophique.

degrés de la ligne ascendante et de la ligne des-
cendante. Quant aux branches obliques et collatérales , la nature ne dit rien , la raison se tait ,
et la coutume est variée et arbitraire. L'Egypte
permettait sans scrupule, ou sans exception , les
mariages des frères et des sœurs : un Spartiate
pouvait épouser la fille de son père , un Athé-
nien la fille de sa mère, et Athènes applaudissait
au mariage d'un oncle avec sa nièce , comme à
une union fortunée entre des parens qui se ché-
rissaient. L'intérêt ou la superstition n'excita
jamais les législateurs de Rome profane à mul-
tiplier les degrés défendus ; mais ils prononcèrent
un arrêt inflexible contre les mariages des sœurs
et des frères ; ils songèrent même à frapper du
même interdit les cousins au premier degré ; ils
respectèrent le caractère paternel des tantes et
des oncles , et traitèrent l'affinité et l'adoption
comme une juste analogie des liens du sang.
Selon les orgueilleux principes de la république,
les citoyens pouvaient seuls contracter un mariage légitime ; un sénateur devait épouser une
femme d'une extraction noble , ou du moins
libre ; mais le sang même des rois barbares ne pouvait jamais se mêler en légitime mariage avec le sang
d'un Romain : leur qualité d'étrangères abaissa

Bérénice (133) au rang de *concubines* (134) de
Marc-Antoine et de Titus. Toutefois cette dénomination de concubine, si injurieuse à la majesté de ces reines de l'Orient, ne leur convient
pas à la rigueur. Une concubine, dans l'accep-
tion stricte des jurisconsultes, était une femme
d'une naissance servile et plébéienne, la com-
pagne unique et fidèle d'un citoyen de Rome,
qui demeurait célibataire. Les lois la plaçaient
au-dessous des honneurs de la femme, et au-
dessus de l'infamie de la prostituée. Depuis le
siècle d'Auguste jusqu'au dixième siècle, ces
demi-mariages furent communs dans l'Occident
ainsi qu'en Orient, et on préféra souvent les
humbles vertus d'une concubine à la pompe et
à l'arrogance d'une noble matrone. Les deux

---

(133) Lorsqu'Agrippa, son père, mourut (A. D. 44),
Bérénice avait seize ans (Josephe, t. 1, *Antiquit. Judaïc.*
l. 19, c. 9, p. 952, édit. Havercamp); elle avait donc plus
de cinquante ans lorsque Titus (A. D. 79) *invitus invitam di-
misit*. Le tendre Racine a eu soin de ne pas rappeler cette
date dans sa tragédie, ou, pour mieux dire, dans sa belle
pastorale.

(134) L'*Ægyptia Conjux* de Virgile (Enéide VIII, 688),
semble être comptée parmi les monstres que firent la guerre
avec Marc-Antoine contre Auguste, le sénat et les dieux de
l'Italie.

7

Antonins, les meilleurs des princes et les meilleurs des hommes, trouvèrent les douceurs de l'amour domestique dans cette espèce de liaison; une multitude de citoyens, qui ne pouvaient supporter le célibat, mais qui songeaient à leur race et ne voulaient pas se mésallier, les imitèrent. S'ils désiraient ensuite légitimer leurs enfans naturels, cette légitimation se faisait en célébrant leurs noces avec une femme dont ils connaissaient la fécondité et la fidélité. Cette épithète de *naturels* distinguait les enfans de la concubine des enfans qui venaient de l'adultère, de la prostitution et de l'inceste, auxqnels Justinien n'accorde des alimens qu'avec répugnance; et ces enfans naturels avaient seuls le droit d'hériter de la sixième partie des biens de leur père putatif. La loi, interprêtée à la rigueur, ne donnait aux bâtards que le nom et la condition de leur mère, ce qui les revêtissait du caractère d'un esclave, d'un étranger ou d'un citoyen. L'Etat adoptait sans reproches ces infortunés que rebutaient les familles (135).

---

(135) Les droits modestes, mais autorisés par la loi, des concubines et des enfans naturels, se trouvent fixés dans les Institutes (l. 1, tit. 10), les Pandectes (l. 1, tit. 7), le Code (l. 5, tit. 25), et les Novelles (74 et 79). Les re-

Les rapports du tuteur et du pupille, dont on parle si souvent dans les Institutes et les Pandectes (136), sont d'une nature simple et uniforme. La personne et la propriété d'un orphelin doivent toujours être mises sous la garde d'un ami prudent. Lorsque le père n'avait pas déclaré son choix en mourant, le fardeau retombait sur les *agnats*, ou les parens les plus proches du côté du père. Les Athéniens craignaient d'exposer l'enfant au pouvoir de ceux qui étaient les plus intéressés à sa mort; mais un axiome de la jurisprudence romaine a prononcé que la charge de la tutelle doit toujours accompagner les avantages de la succession. Quand le choix du père et la ligne de parenté ne fournissaient point de tuteur, le préteur ou le président de la province en nommait un. Celui qu'ils chargeaient de ces fonctions en était dispensé s'il était fou ou aveugle, ignorant ou incapable; s'il était l'ennemi de l'orphelin, et s'il avait des intérêts opposés; s'il était

---

cherches de Heineccius (*ad Legem Juliam et Pappiam-Poppæam*) l. 4, p. 164—175), et de Giannone (*Opere postume* , p. 108—158), éclaircissent ce point intéressant.

(136) Voyez l'article des Tuteurs et des Pupilles dans les Institutes (l. 1, tit. 23—26), les Pandectes (l. 26, 27), et le Code (l. 5, tit. 28—70).

chargé d'un grand nombre d'enfans et d'autres tutelles; s'il se trouvait dans la classe des magistrats, des gens de loi, des médecins et des professeurs, professions qu'on crut devoir exempter à raison de leurs utiles travaux. Le tuteur représentait la personne de l'enfant jusqu'à l'époque où celui-ci pouvait parler et penser, et l'âge de puberté terminait son pouvoir. Le pupille ne pouvait se lier à son désavantage, sans le consentement du tuteur; mais il n'en avait pas besoin pour obliger les autres en sa faveur. Il est inutile d'observer que le tuteur donnait souvent une caution, qu'il rendait toujours ses comptes, et que le défaut d'intégrité ou de soin l'exposait à une action civile et presque criminelle, en cas d'infraction de ces devoirs sacrés. Les jurisconsultes avaient fixé à quatorze ans l'âge de puberté; mais comme les facultés de l'esprit mûrissent plus tard que celles du corps, on instituait un *curateur*, qui venait défendre la fortune du jeune Romain contre son inexpérience et l'ardeur des passions. Un préteur avait d'abord imaginé cette institution pour soustraire une famille aux prodigalités d'un dissipateur ou d'un fou; mais ensuite les lois déclarèrent invalides les actes de tout mineur âgé de moins de vingt-cinq ans, s'il ne se faisait pas autoriser par son curateur. Les femmes dépendaient toute leur vie de leurs parens , de leurs maris ou de leurs tuteurs : on supposait qu'un sexe créé pour plaire et pour obéir n'arrivait jamais à l'âge de la raison et de l'expérience. Tel était , du moins , l'esprit impérieux et sévère d'une ancienne loi , que les mœurs publiques avaient insensiblement adoucie lorsque Justinien monta sur le trône.

§. II. *Des choses.*

On ne peut justifier le droit de propriété que par une première occupation qui est la suite du hasard ou du travail , et la philosophie des jurisconsultes l'établit avec raison sur cette base (137). Le sauvage qui creuse un arbre , qui adapte un manche de bois à une pierre aiguë , qui façonne une branche élastique et qui y ajoute une corde , devient , dans l'état de nature , le juste propriétaire de la pirogue, de l'arc, ou de la hache. La matière appartenait à tout le monde ; mais sa nouvelle forme , résultat de son tems et de son travail, n'appartient qu'à lui. Les sauvages,

---

(137) Institutes, l. 2, tit. 1 , 2. Comparez les raisonnemens nets et précis de Gajus et de Heineccius (l. 2 , tit. 1 , p. 69—91) avec la prolixité vague de Théophile (p. 207—265). Les opinions d'Ulpien se trouvent dans les Pandectes (l. 1, tit. 8, leg. 41 , n° 1).

ses compagnons, ne peuvent, sans s'avouer à eux-mêmes leur injustice, arracher au chasseur les bêtes de la forêt qu'il a saisies à la course, et qui sont tombées sous les coups qu'a portés son adresse. Si sa vigilante prévoyance conserve et multiplie des animaux domestiques, il acquiert à jamais le droit d'employer à son service leur progéniture, qui tire son existence de lui seul. Si, pour se nourrir et nourrir ses troupeaux, il enferme et cultive un champ, s'il change un terrain stérile en un sol fécond, la semence, l'engrais, le travail, créant une nouvelle valeur, les fatigues de toute l'année forment son droit à la moisson. Dans tous les états de la société, le chasseur, le berger, le cultivateur peuvent défendre leur propriété par deux raisons qui font un grand effet sur l'esprit de l'homme. Tout ce qu'ils possèdent est le prix de leur industrie, et quiconque envie leur bonheur est le maître de se procurer les mêmes jouissances par les mêmes soins. Ce qu'on vient de dire convient parfaitement à une petite colonie placée sur une île fertile; mais lorsque la colonie s'accroît, le terrain n'augmente pas d'étendue; les hommes audacieux et habiles envahissent les droits et l'héritage communs de l'espèce humaine; un maître jaloux pose des bornes sur tous les champs et dans

toutes les forêts, et l'on doit proclamer comme
une disposition de sagesse particulière aux lois
romaines qu'elles accordent au premier occupant
les bêtes fauves de la terre, de l'air et des eaux.
Dans la marche qui conduit de l'équité primitive
aux derniers excès de l'injustice, les pas se font en
silence, les nuances sont presque impercep-
tibles, et des lois positives, et une raison artifi-
ficielle, viennent enfin consacrer le monopole
universel. Le principe de l'amour de soi-même,
toujours en activité, et toujours insatiable, peut
seul suppléer aux arts de la vie sociale ; et dès
que le gouvernement civil et la propriété exclusive se sont établis, ils deviennent nécessaires à
l'existence de la race humaine. Excepté dans les
institutions singulières de Sparte, les législateurs les plus sages n'ont vu dans la loi agraire
qu'une innovation fausse et dangereuse. Chez les
Romains, la disproportion des richesses dépassa
de beaucoup les limites idéales imposées par une
tradition incertaine et une loi tombée en désuétude. C'est en vain qu'on rappelait sans cesse les
deux *jugera* (arpens) (138) qui devaient être à

---

(138) Varron détermine l'*Heredium* des premiers Romains
(*de Re Rusticá*, l. 1, c. 2, p. 141 ; c. 10, p. 160, 161,

jamais l'héritage des enfans les plus pauvres de Romulus, et les cinq cents arpens que le domaine du citoyen le plus riche ne devait pas outrepasser. Le territoire de Rome ne fut d'abord composé que de quelques milles de bois et de prairies, situés sur les bords du Tibre; et les échanges domestiques ne pouvaient rien ajouter à l'étendue de ce sol national; mais la guerre permettait de s'emparer des biens d'un étranger ou d'un ennemi. Cet utile commerce enrichit Rome, et elle ne paya qu'avec le sang de ses citoyens les moutons des Volsques, les esclaves de la Bretagne, les pierres précieuses et l'or des royaumes de l'Asie. Dans la langue de l'ancienne jurisprudence, qui s'était corrompue, et qu'on avait oubliée avant le règne de Justinien, pour distinguer ces dépouilles, on leur donna le nom de *Manceps* ou *Mancipium*, prises avec la main; et lorsqu'on les vendait ou qu'on les *émancipait*, l'acheteur exigeait une assurance qu'elles avaient été la propriétété d'un ennemi,

---

édit. Gesner), Les déclamations de Pline (*Hist. Nat.*, XVIII, 2) obscurcissent cette matière. On trouve sur ce point des remarques justes et savantes dans l'*Administration des Terres chez les Romains* (p. 12—66).

et non celle d'un concitoyen (139). Un citoyen ne pouvait perdre ses droits sur une terre qu'en l'abandonnant, et dès que la terre avait une certaine valeur, on présumait difficilement cet abandon. Au reste, selon la loi des Douze-Tables, une prescription d'une année pour les meubles et de deux ans pour les immeubles abolissait les droits de l'ancien maître, si le possesseur les avait acquis par une transaction honnête de celui qu'il en croyait le légitime propriétaire (140). Cette injustice involontaire, sans aucun mélange de fraude ni de violence, ne pouvait guère nuire aux membres d'une petite république ; mais les prescriptions de trois, dix ou vingt années, établies par Justinien, conviennent davantage à un vaste empire. Ce n'est que par rapport au

---

(139) Ulpien (*Fragment*, tit. 18, p. 618, 619) et Bynkershock (*Opp.* t. 1 , p. 306—315) expliquent la *Res manceps* d'après quelques faibles lueurs tirées de très-loin ; leur définition est un peu arbitraire ; et les auteurs n'ayant point donné de raison sur ce point , je me défie de celle que j'ai alléguée.

(140) Hume conclut de cette règle (*Essays*, vol. 1, p. 423) que les propriétés ne pouvaient pas *alors* être plus fixes en Italie qu'elles ne le sont *aujourd'hui* chez les Tartares. Wallace, son adversaire, plus versé dans les lois de Rome, lui reproche de n'avoir pas étudié les Institutes, l. 2 , tit. 6.

tems fixé pour les prescriptions, que les juris-consultes distinguent les biens réels et les biens personnels; car, d'après leur idée générale sur la propriété, elle revêt d'une autorité simple, uniforme et absolue. Ils expliquent fort en détail les exceptions subordonnées relatives à *l'usage*, à *l'usufruit* (141) et aux *servitudes* (142) accordés à un voisin sur les terres et sur les maisons. Ils discutent aussi avec une subtilité métaphysique les changemens qu'établissent sur les droits de propriété le mélange, la division, ou la transformation des substances.

A la mort du premier propriétaire, il faut décider à qui passent ses biens : il est naturel qu'on les laisse à ses enfans, qui ont partagé ses travaux, ou du moins sa fortune. Les législateurs de tous les pays et de tous les siècles ont protégé

---

(141) Voyez les Institutes (l. 1, tit. 4, 5) et les Pandectes (l. 7). Noodt a composé un traité particulier et savant *de Usufructu* (*Opp.* t. 1, p. 387—478).

142) Les questions *de Servitutibus* se trouvent discutées dans les Institutes (l. 2, tit. 3) et les Pandectes (l. 8). Cicéron (*pro Murenâ*, c. 9) et Lactance (*Institut. Divin.*, l. 1, c. 1) affectent de se moquer de la doctrine insignifiante *de Aquâ pluviâ arcendâ*, etc.; cependant ces sortes de procès devaient être communs et à la ville et à la campagne.

cette succession : ainsi le père continue des amé-
liorations qui doivent produire des effets éloignés,
parce qu'il espère qu'une longue postérité jouira
du fruit de son industrie. Le *principe* de la succession héréditaire est donc universel ; mais
l'ordre de ces successions varie d'après les con-
venances ou le caprice, d'après l'esprit des institutions nationales, ou des exemples donnés
originairement par la fraude ou la violence. Les
lois des Romains semblent s'être moins écartées
de l'égalité de la nature que celles des Juifs (143),
celles des Athéniens (144), ou celles de l'Angleterre (145). A la mort d'un citoyen, tous ses

---

(143) Chez les patriarches, le premier-né avait un droit de
primogéniture mystique et spirituelle (*Genèse*, xxv, 31).
Dans la terre de Canaan, il avait une double portion de
l'héritage (*Deutéronome*, xxi, 17, avec le *Commentaire
judicieux* de Le Clerc).

(144) A Athènes, la portion des fils était égale ; mais les
pauvres filles ne recevaient que ce que les frères voulaient
bien leur donner. Voyez les raisons κληρικοί que faisait valoir
Isée (dans le 7ᵉ vol. des *Orateurs Grecs*), développées
dans la version et le commentaire de sir William Jones
écrivain savant, très-instruit sur les anciennes lois, et
homme de génie.

(145) En Angleterre, le fils aîné hérite seul de tous les

descendans, lorsqu'ils n'avaient pas été affranchis de la puissance paternelle, partageaient ses biens. On ne connaissait pas l'injuste droit de primogéniture ; les deux sexes se trouvaient placés sur le même niveau : chacun des fils et chacune des filles recevaient une égale portion des biens du père ; et si la mort avait enlevé un des fils, ses enfans le représentaient, et obtenaient sa part. A l'extinction de la ligne directe, le droit de succession passait aux branches collatérales. Les jurisconsultes marquent les degrés de parenté (146), en remontant du dernier possesseur à un chef commun, ou en descendant de ce chef commun au parent qui est le plus près de l'héritage. Mon père est au premier degré,

---

biens-fonds ; loi, dit l'intrépide Blackstone (*Commentaries on the Laws of England*, vol. 2, p. 215), qui n'est injuste que dans l'opinion des fils cadets. Elle est injuste en elle-même, mais elle peut avoir une bonté politique, en excitant l'industrie.

(146) Les tables qu'a données Blackstone (vol. 2, p. 102) désignent et rapprochent les degrés de la loi civile de ceux de la loi canonique et de la loi commune. Un traité particulier de Julius Paulus (*de Gradibus et Affinibus*) a été inséré en entier ou en abrégé dans les Pandectes (l. 38, tit. 10). Au septième degré on compte déjà (n° 18) mille vingt-quatre personnes.

mon frère au second , ses enfans au troisième :
l'imagination conçoit aisément la suite du tableau,
et on l'a détaillé dans les tables généalogiques. On
fit dans ce calcul une distinction essentielle pour
les lois et même pour la constitution de Rome ; les
agnats , ou les individus de la ligne des mâles ,
furent appelés, selon leur proximité, à un partage
égal ; mais une femme ne pouvait transmettre
aucune prétention légale ; et la loi des Douze-
Tables déshéritait , comme étrangers et comme
aubains , les *cognats* de toutes les classes , sans
même excepter les rapports si doux d'une mère
et d'un fils. Chez les Romains , un nom commun
et des rites domestiques unissaient une *gens* ou
un lignage. Les *cognomen*, ou surnoms de Scipion ou de Marcellus, distinguaient les branches
ou familles subordonnées de la race Cornélia ou
Claudia. Au défaut des *agnats* du même sur-
nom , des parens , auxquels on donnait la dénomination plus générale de *gentiles* , les remplaçaient, et la vigilance des lois conservait, dans
les individus du même nom , la lignée perpé-
tuelle des cérémonies religieuses et des propriétés. Ce fut un principe de la même nature ,
qui dicta la loi Voconia (147) , laquelle ôta aux

____

(147) La loi Voconia fut publiée l'an de Rome 584. Le

femmes le droit d'hériter. Tant que la jeune vierge fut donnée ou vendue à son époux, l'adoption de la femme éteignait les espérances de la fille ; mais les matrones indépendantes ayant recouvré ce droit, qui alimentait leur orgueil et leur luxe, elles purent transporter les richesses de leurs pères dans une maison étrangère. La loi de Caton (148), pendant tout le tems qu'elle fut respectée, tendait à perpétuer, dans chaque famille, une médiocrité honnête et vertueuse ; mais les réclamations et les manœuvres des femmes triomphèrent peu à peu, et toutes les entraves salutaires disparurent au milieu de la grandeur et de la corruption de la république. L'équité des Préteurs tempéra la rigueur des Décemvirs ; leurs Edits rendirent les droits de la nature aux enfans émancipés et posthumes ; et lorsqu'il n'y avait

---

plus jeune des Scipions, qui avait alors dix-sept ans (Freinshemius, *Supplément de Tite-Live*, XLVI, 40), trouva l'occasion d'exercer sa générosité envers sa mère, ses sœurs, etc. Polybe, qui vivait dans sa maison, fut témoin de cette belle action (t. 2, l. 31, p. 1453—1464, édit. de Gronovius).

(148) *Legem Voconiam* (Ernesti, *Clavis Ciceroniana*) *magnâ voce bonis lateribus* (à soixante-cinq ans) *suasissem*, dit Caton l'Ancien (*de Senectute*, c. 5). Aulu-Gelle (VII, 13, XVII, 6) en a conservé quelques passages.

point d'*agnats*, ils préféraient le sang des *cognats* à celui des *gentiles* , dont le titre et la qualité tombèrent insensiblement dans l'oubli. L'humanité du sénat établit la succession réciproque des mères et des fils , par les décrets de Tertullien et d'Orphisius. Les Novelles de Justinien , dans lesquelles ce législateur affecte de ranimer la jurisprudence des Douze-Tables , introduisirent un nouvel ordre de choses plus impartial. Les lignes du côté des mâles , et celles du côté des femmes , furent confondues ; les lignes ascendantes, descendantes et collatérales furent désignées avec soin ; et chaque degré , selon la proximité du sang et de l'affection , succéda aux propriétés d'un citoyen de Rome (149).

L'ordre de la succession est réglé par la nature, ou au moins par la raison générale et permanente du législateur ; mais les *actes de dernière volonté* , qui prolongent au-delà du tombeau les droits du testateur , intervertissent souvent cet ordre (150). On ne permit guère ce

______

(149) Voyez la loi des Successions dans les Institutes de Gajus (l. 2 , tit. 8 , p. 130—144), et Justinien (l. 3 , tit. I—VI), avec la version grecque de Théophile (p. 515— 575 , 588—600), les Pandectes (l. 38 , tit. 6—17), le Code (l. 6 , tit. 55—60), et la Novelle 118.

(150) Taylor, écrivain savant et plein de feu , mais sujet

dernier usage , ou plutôt cet abus du droit de
la propriété , dans les premiers tems de l'association civile ; les lois de Solon l'introduisirent
à Athènes , et les Douze-Tables autorisèrent les
testamens d'un père de famille. Avant les Décemvirs (151) , un citoyen de Rome exposait ses
vœux et ses motifs à l'assemblée des trente curies
ou paroisses , et un acte passager du corps législatif suspendait la loi générale des successions.
D'après la permission accordée par les Décemvirs,
un testateur qui, à cet égard , se trouvait revêtu
du droit de faire une loi privée , déclarait son
testament verbal ou par écrit, devant cinq citoyens , qui représentaient les cinq classes du
peuple. Un sixième témoin semblait attester cette

---

aux écarts, a prouvé (*Elements of civil Law*), que la succession était la *règle*, et le testament l'*exception*. La méthode du
deuxième et du troisième livre des Institutes est incontesta-
blement renversée. Le chancelier d'Aguesseau (*OEuvres*,
t. 1 , p. 273) désirait que Domat, son compatriote , eût été
à la place de Tribonien; cependant, placer les *contrats* avant
les *successions* , comme le fait ce jurisconsulte, ce n'est pas
assurément former l'*ordre naturel des lois civiles*.

(151) Les testamens antérieurs à cette époque sont peut-
être fabuleux. A Athènes, les pères qui mouraient sans enfans
avaient seuls le droit de tester. Plutarque (*in Solone*, t. 1 ,
p. 164). Voyez Isæus et W. Jones.

concurrence du peuple ; un septième était censé chargé de peser la monnaie de cuivre que payait un testateur imaginaire, dont les biens se trouvaient émancipés par une vente fictive et une décharge immédiate. Cette singulière cérémonie (152), qui excitait l'étonnement des Grecs, avait encore lieu sous le règne de *Sévère* ; mais les préteurs avaient déjà approuvé une forme de testament plus simple, dans laquelle ils exigeaient le sceau et la signature de sept témoins irréprochables, et appelés, d'une manière expresse, pour l'exécution de cet acte important. Un père, monarque domestique qui régnait sur la vie et la fortune de ses enfans, pouvait régler leur part selon le degré de leur mérite ou de son affection : lorsqu'il voulait déshériter un fils qui se conduisait mal, il en était le maître, et il appelait un étranger à sa succession. Mais il y eut un si grand nombre de

---

(152) On trouve une mention du testament d'Auguste dans Suétone (*in August.*, c. 101, *in Neron.* c. 4), écrivain qu'on peut étudier comme un recueil d'antiquités romaines. Plutarque (*Opuscul.* t. 2, p. 976) est surpris ὅταν δὲ διαθήκας γράφωσιν ἑτέρους μὲν ἀπολείπωσι κληρονόμους, ἕτεροι δὲ πωλῶσι τὰς οἰκίας. Les expressions d'Ulpien (*Fragment*, tit. 20, p. 627, édit. Schulting) sont trop exclusives ; *Solum in usu est*, dit-il.

pères dénaturés, qu'il fallut mettre des restrictions à ce droit. Un père ne pouvait plus déshériter un fils, ni même, selon les lois de Justinien, une fille, en ne les nommant pas; il devait nommer le criminel et désigner l'offense; et l'empereur détermina les seuls cas qui pouvaient justifier une telle infraction aux premiers principes de la nature et de la société (153). Lorsqu'on ne laissait pas aux enfans leur légitime, ou la quatrième partie des biens, ils étaient autorisés à former une action ou une plainte contre ce testament *inofficieux*, et à supposer que la maladie ou la vieillesse avaient affaibli l'entendement de leur père, et à appeler de sa sentence rigoureuse à la sagesse réfléchie du magistrat. On trouve dans la jurisprudence romaine une distinction essentielle entre l'héritage et les legs. Les héritiers qui succédaient à tout, ou, si l'on veut, à chacune des douze fractions des biens du testateur, représentaient son caractère civil et religieux; ils faisaient valoir ses droits, ils remplissaient ses obligations, et acquittaient les dons de l'amitié et de la libéralité ordonnés dans son testa-

---

(153) Justinien (*Novelle* 115 , n°ˢ 3, 4.) fait seulement l'énumération des crimes publics et privés; pour ces mêmes crimes, un fils pouvait aussi déshériter son père.

ment, sous le nom de legs. Mais l'imprudence et la prodigalité d'un mourant pouvaient épuiser la succession, et ne laisser à l'héritier que de la peine ou des risques à courir, et on accorda à celui-ci la portion *falcidienne*, qui l'autorisait à prélever le quart net des biens avant de payer les legs. On lui laissait un tems raisonnable pour examiner le rapport des dettes et de la succession, pour décider s'il voulait accepter ou refuser le testament; et, lorsqu'il acceptait la succession par bénéfice d'inventaire, les créanciers n'étaient point autorisés à réclamer au-delà de la valeur des biens. Un citoyen conservait jusqu'à son dernier soupir le droit de changer son testament, qu'on pouvait, dans les cas déterminés par la loi, casser après sa mort; les personnes qu'il y nommait pouvaient mourir avant lui, ou n'avoir pas la capacité requise. D'après ces considérations, on permit de désigner des seconds et des troisièmes héritiers, qui se remplaçaient les uns les autres, selon l'ordre du testament, et on suppléa, de la même manière, à l'incapacité d'un homme tombé en démence, ou à celle d'un enfant (154). Le pouvoir du tes-

____

(154) Les *Substitutions Fidéicommissaires* de nos lois civiles offrent une idée féodale entée sur la jurisprudence des

tateur s'éteignait dès qu'on avait accepté son testament. Tous les Romains d'un âge mûr, ou qui avaient la capacité nécessaire, acquéraient le domaine absolu d'un héritage ; et ces substitutions, si longues et si embrouillées, qui diminuent aujourd'hui le bonheur et la liberté des générations futures, n'obscurcirent jamais la simplicité de leurs lois civiles.

Les conquêtes de la république, et les formalités de la loi, établirent l'usage des codicilles. Si la mort surprenait un Romain dans une province éloignée, il adressait une lettre à l'héritier que lui désignait la loi, ou qu'il avait nommé par son testament ; et celui-ci remplissait avec honneur, ou négligeait impunément cette prière, dont les juges n'eurent pas, avant le siècle d'Auguste, le droit d'ordonner l'exécution. Un codicille n'était assujéti à aucune forme, ou à aucune langue particulière : mais son authenticité devait être prouvée par la signature de cinq té-

---

Romains, et à peine ont-elles quelque ressemblance aux anciens *Fideicommissa* (*Institutions du Droit français*, t. 1, p. 347 — 383. Denisart, *Décisions de Jurisprudence*, t. 4, p. 577—604). En abusant de la 159ᵉ Novelle, loi partiale, embarrassée et déclamatoire, on les étendit jusqu'au quatrième degré.

moins ; celui qui l'avait écrit pouvait, malgré ses bonnes intentions, enfreindre les lois ; et l'opposition de la loi naturelle et de la jurisprudence positive donna lieu à l'invention des *fideicommissa*. Le Romain qui n'avait point d'enfans chargeait de l'exécution de ses dernières volontés un Grec, ou un naturel de l'Afrique ; mais il fallait être son concitoyen pour agir en qualité de son héritier. La loi Voconia, qui abolit les successions des femmes, leur permit seulement de recevoir, à titre de legs ou d'héritage, la somme de cent mille sesterces (155); et une fille unique était presque regardée comme une étrangère dans la maison de son père. Le zèle de l'amitié et l'affection paternelle imaginèrent un noble artifice : le testateur nommait un citoyen, avec la prière ou l'injonction de rendre l'héritage à la personne qu'on lui désignait. La conduite des fidéicommissaires, dans cette position critique, variait ; ils avaient juré d'observer les lois de leur pays, mais l'honneur les excitait à violer ce serment ; et lorsque, sous le masque du patriotisme, ils préféraient leur intérêt, ils

______

(155) Dion Cassius (t. 2, l. 56, p. 814, *avec les notes de Reimar*) se sert de la manière de compter des Grecs, et il dit 25,000 drachmes.

perdaient l'estime de tous les gens vertueux. La
déclaration d'Auguste mit fin à leur embarras;
il autorisa les testamens et les codicilles de confiance , et détruisit doucement les formes et les
entraves des lois de la république (156). Mais
le nouvel usage des fidéicommis donna lieu à
quelques abus ; et les décrets de Trébellius et
de Pégase permettaient au fidéicommissaire de
garder une quatrième partie des biens , ou de
tranférer sur la tête du véritable héritier toutes
les dettes et tous les procès de la succession.
L'interprétation des testamens était stricte et
littérale ; mais la langue des fidéicommis et des
codicilles fut affranchie de l'exactitude minu-
tieuse et technique des gens de loi (157).

§. III. *Des Obligations.*

Nos devoirs généraux dérivent de nos rap-

---

(156) Montesquieu (*Esprit des Lois* , l. 27) a expliqué
avec son talent ordinaire , mais quelquefois d'après son imagination plutôt que d'après les monumens, les révolutions des
lois romaines sur les successions.

(157) Les principes de la jurisprudence civile sur les successions, les testamens, les codicilles , les legs et les fidéicommis, se trouvent dans les Institutes de Gajus (l. 2 ,
tit. 2—9, p. 91—144), Institutes de Justinien (l. 2 ,
tit. 10—25), et dans Théophile (p. 328—514). Cet immense détail occupe douze livres (28—59) des Pandectes.

ports publics et privés ; mais les obligations spé-
cifiques des individus, les uns envers les autres,
ne peuvent être que la suite, 1°. d'une promesse,
2°. d'un bienfait, et 3°. d'une injure et d'un tort ;
et lorsque la loi ratifie ces obligations, la partie
intéressée peut intenter une action judiciaire
pour en exiger l'accomplissement. Sur ce principe, les jurisconsultes de chaque pays ont établi
une jurisprudence qui, étant à peu près partout
la même, peut être regardée comme la raison
et la justice universelles (158).

I. Les Romains adoraient la déesse de la *Bonne
Foi*, non-seulement dans ses temples, mais dans
tout le cours de leur vie ; et si cette nation manqua des qualités plus aimables de la bienveillance et de la générosité, elle étonna les Grecs
par la manière honnête et simple dont elle
remplit les engagemens les plus onéreux (159).

-----

(158) Les Institutes de Gajus (l. 2, tit. 9, 10, p. 144—214),
de Justinien (l. 3, tit. 14—30 ; l. 4, tit. 1—6) et de
Théophile (p. 616—837) distinguent quatre espèces d'o-
bligations, *aut re*, *aut verbis*, *aut litteris*, *aut consensu ;*
mais j'avoue que je préfère la division que j'ai adoptée.

(159) Le témoignage tranquille et raisonnable de Polybe
(l. 6, p. 693 ; l. 31 , p. 1459 , 1460) est bien supérieur à

Chez ce peuple, cependant, d'après les maximes sévères des praticiens et des Décemvirs, un *simple pacte*, une promesse, ou même un serment, n'imposait aucune obligation civile, à moins qu'il n'eût la forme légale d'une *stipulation*. Quelle que fût l'étymologie du mot latin *stipulatio*, il donnait l'idée d'un contrat solide et irrévocable, qui s'exprimait toujours en forme de question et de réponse : « Promettez-vous de » me payer cent pièces d'or ? » Telle était, par exemple, l'interrogation solennelle de Seius. « Je le promets, » répondait Sempronius. Seius pouvait assigner séparément les amis de Sempronius, qui garantissaient ses moyens et l'intention où il était de tenir sa promesse, et les effets de cette séparation, c'est-à-dire, l'ordre des recours, s'écartèrent peu à peu de la théorie rigoureuse de la stipulation. Pour qu'une promesse gratuite fût valide, on exigeait, avec raison, le consentement le plus réfléchi. Le citoyen qui, pouvant obtenir une sûreté légale, négligeait cette précaution, était soupçonné de fraude ; et, afin de le punir de sa négligence, on le privait de ce qui lui avait été promis.

---

ces éloges vagues et généraux d'Aulu-Gelle, qui dit (xxx, 1) : *Omnium maximè et præcipuè fidem coluit.*

Mais les jurisconsultes travaillèrent avec succès à donner aux simples engagemens la forme des stipulations solennelles. Les Préteurs, en qualité de gardiens de la bonne foi, admettaient toutes les preuves raisonnables d'un acte volontaire et réfléchi, qui, à leur tribunal, produisait une obligation consacrée par la loi, et sur laquelle ils donnaient une action et un remède (160).

II. Les jurisconsultes désignent, sous le nom de *réelles* (161), les obligations de la seconde classe, qui était la suite d'une chose qu'on avait reçue. On doit de la reconnaissance à un bienfaiteur; et celui à qui on a confié une propriété est obligé de la rendre. S'il s'agit d'un prêt amical, le préteur fait un acte généreux, et l'em-

---

(160) Gérard Noodt a composé un Traité particulier et satisfaisant sur le *Jus Prætorium de Pactis et Transactionibus* (*Opp.* t. 1, p. 463—564), et j'observerai ici qu'au commencement de ce siècle, les universités de Hollande et de Brandebourg semblent avoir étudié les lois civiles sur les principes les plus justes et les plus nobles.

(161) Ce qui a rapport à la matière délicate et variée des contrats par aveu est répandu dans les quatre livres des Pandectes (17—20), et c'est une des parties qui mérite le plus d'être étudiée.

prunteur n'est qu'un dépositaire ; mais lorsqu'il
est question d'un prêt sur *gage* , ou de ces autres
dispositions fondées sur un intérêt réciproque ,
un équivalent compense le bienfait , et la nature de la transaction modifie le devoir de la
restitution. La langue latine exprime d'une manière heureuse la différence essentielle qui se
trouve entre le *commodatum* et le *mutuum* ,
que la pauvreté de notre idiome est réduit à
confondre sous la dénomination vague et commune de *prêt*. Dans le premier , l'emprunteur
devait rendre la même chose individuelle qu'il
avait reçue pour sa *commodité*; dans le second ,
la chose prêtée était destinée à sa consomma-
tion , et il remplissait l'engagement *mutuel* ,
en substituant la valeur spécifique de cette
chose , d'après l'évaluation de la quantité , du
poids et de la mesure. Dans une *vente* , l'a-
cheteur acquiert le domaine absolu , et il paie
ce bienfait avec une somme équivalente d'or ou
d'argent , métaux qui sont le prix et la mesure
universelle de tous les biens de ce monde. L'o-
bligation d'un autre contrat, celui du louage ou
des baux , est plus compliquée. On peut louer
pour un tems fixe des terres ou des maisons,
le travail ou l'industrie d'un individu : à l'expi-
ration de ce tems , on doit rendre la chose au

propriétaire , si elle existe en nature , et le ré-
compenser de plus de l'avantage qu'il nous a
procuré. Dans ces contrats lucratifs , auxquels
il faut joindre ceux de société ou de commis-
sion , les jurisconsultes supposent quelquefois
la livraison de l'objet , et quelquefois ils pré-
sument le consentement des parties. Le recours ,
qui est la base de ces contrats , a produit les
droits invisibles d'*hypothèque ;* et le prix d'une
vente , déterminé de part et d'autre , met , dès
cet instant , le gain ou la perte sur le compte
de l'acheteur. Il est permis de supposer que
chaque individu écoutera ses intérêts , et que ,
s'il reçoit les avantages , il est obligé de supporter les frais de la transaction. Sur cette matière infinie , je ne crois devoir parler que du
bail des terres et de l'argent , de la rente de
l'une et de l'intérêt de l'autre , ces deux points
ayant un rapport direct à la prospérité de l'a-
griculture et du commerce. Le propriétaire était
souvent obligé de faire les avances , de fournir
les instrumens de culture , et de se contenter
d'une partie des fruits. Si des accidens , une
maladie épidémique ou les violences de l'ennemi accablaient le fermier , il en appelait à
l'équité des lois , et demandait un dédomma-
gement. Les baux étaient pour l'ordinaire de

cinq ans, et on ne pouvait espérer aucune amé-
lioration solide ou dispendieuse d'un fermier
qui craignait à chaque moment d'être chassé
par la vente du domaine qu'il faisait valoir (162).
La loi des Douze-Tables avait découragé l'u-
sure (163), ce mal invétéré de la république
de Rome (164), et les réclamations du peuple

---

(162) La nature des baux est fixée dans les Pandectes
(l. 19) et dans le Code (l. 4, tit. 65). Le *quinquennium*,
ou le terme des baux, paraît avoir été une coutume plutôt
qu'une loi : en France, tous les baux des biens-fonds étaient
fixés à neuf ans. Cette restriction n'a été abolie qu'en 1775
(*Encyclopédie méthodique*, t. 1, *de la Jurisprudence*,
p. 668—669).

(163) On peut suivre ici l'opinion et les recherches des
trois livres de G. Noodt, *de Fœnore et Usuris* (*Opp.* t. 1,
p. 175—268). Les meilleurs critiques et les jurisconsultes
les plus habiles évaluent *asses* ou *centessimæ usuræ* à douze,
et les *unciariæ* à un pour cent. Noodt (l. 2, c. 2, p. 207),
Gravina (*Opp.* p. 205, etc., 210); Heineccius (*Antiquit.
ad Institut.* l. 3, tit. 15); Montesquieu (*Esprit des Lois*,
l. 22, c. 22, *Défense de l'Esprit des Lois*), et particulièrement Jean-Frédéric Gronovius (*de Pecuniâ veteri*, l. 3,
c. 13, p. 213—227), et ses trois Antexeges (p. 455—
655), le fondateur ou du moins le champion de cette opinion
probable, qui offre encore cependant quelques difficultés.

(164) *Primo* XII *Tabulis sancitum est, ne quis unciario*

l'avaient enfin aboli. Les besoins et l'oisiveté des dernières classes la rétablirent ; on l'abandonna à la discrétion des préteurs , et le Code de Justinien régla enfin le taux de l'intérêt de l'argent. Cet intérêt fut fixé à quatre pour cent pour les personnes d'un rang illustre ; on déclara que l'intérêt ordinaire et légal serait de six pour cent : on permit le denier douze et demi pour l'avantage des manufacturiers et des négocians , et le denier huit et un tiers sur les assurances maritimes , que les anciens n'avaient pas voulu déterminer : mais, excepté dans cette occasion périlleuse, on réprima avec sévérité les usures exorbitantes (165). Le clergé de l'O-

---

fœnore ampliùs exerceret (Tacite , *Annales* , vi , 16). « Pour peu , dit Montesquieu (*Esprit des Lois*, l. 22 , c. 22) » qu'on soit versé dans l'histoire de Rome , on verra qu'une » pareille loi ne devait pas être l'ouvrage des Décemvirs. » Tacite était-il donc ignorant ou stupide ? Les plus sages et les plus vertueux des patriciens pouvaient sacrifier leur avarice à leur ambition , et essayer d'anéantir l'usage , en établissant un intérêt auquel aucun prêteur ne voudrait y souscrire, et de telles peines, qu'aucun débiteur ne voudrait s'y exposer.

(165) Justinien n'a pas daigné parler de l'usure dans ses Institutes ; mais les règles et les restrictions sur cette matière se trouvent dans les Pandectes (l. 22 , tit. 1 , 2), et le Code (l. 4 , tit. 32—33).

rient et de l'Occident condamna le plus léger
intérêt (166); mais les avantages que retirèrent
des prêts le prêteur et l'emprunteur, avantages
qui avaient triomphé des lois de la république,
triomphèrent également des décrets de l'église,
et même des préjugés des hommes (167).

III. La nature et la société imposent un devoir rigoureux de réparer le tort causé ; ainsi
celui qui a souffert d'une injustice particulière,
acquiert un droit personnel, et peut intenter
une action qu'autorisent les lois. Si quelqu'un
a mis sa propriété entre nos mains, le degré
de soin que nous devons en prendre augmente
ou diminue, selon les avantages que nous re-
tirons de cette possession momentanée; il est
rare que nous répondions d'un accident inévi-

---

(166) L'opinion des Pères de l'Église est unanime sur ce
point. Barbeyrac (*Morale des Pères*, p. 144, etc.) cite
en particulier S. Cyprien, Lactance, S. Basile, S. Chrysos-
tôme, voyez ses frivoles argumens dans Noodt (l. 1, c. 7,
p. 188), S. Grégoire de Nice, S. Ambroise, S. Jérôme,
S. Augustin, et une multitude de conciles et de casuistes.

(167) Caton, Sénèque et Plutarque, ont condamné haute-
ment la pratique ou l'abus de l'usure. Selon l'étymologie de
fœnus et de τόκος, on suppose que le principal engendre l'intérêt.

table ; mais les suites d'une faute volontaire s'imputent toujours à celui qui l'a commise (168). Un Romain réclamait par une action civile de vol les choses qu'on lui avait dérobées : des mains pures et innocentes pouvaient en acquérir successivement la possession ; mais il fallait une prescription de trente ans pour éteindre son droit de propriété. Il les recouvrait d'après une sentence du préteur, et on lui adjugeait des dommages d'une valeur double, triple et même quadruple, selon qu'il y avait eu une fraude secrète ou une rapine ouverte, selon que le voleur avait été surpris en flagrant délit, ou découvert après quelques recherches. La loi Aquilia (169) mettait les esclaves et le bétail d'un citoyen à l'abri de la méchanceté ou de la négligence : elle condamnait le coupable à payer le plus haut prix auquel on pût évaluer l'animal domestique,

---

(168) Sir William Jones a donné un *Essai* ingénieux et raisonnable *sur la Loi des Cautions* (Londres, 1781, p. 127, in-8°). Il est peut-être le seul homme de loi qui connaisse également bien Rles egistres de westminster, les Commentaires d'Ulpien, les Plaidoyers attiques d'Isée, et les Sentences des juges de l'Arabie et de la Perse.

(169) Noodt (*Opp.* t. 1, p. 137—172) a composé un traité particulier sur la loi Aquilia (*Pandectes*, l. 9, tit. 2).

dans un moment donné de l'année qui avait pré-
cédé sa mort : lorsqu'il s'agissait d'une chose
précieuse détruite, elle accordait trente jours,
et la valeur se réglait sur le prix auquel elle aurait pu s'élever dans cet intervalle. Une injure
personnelle devient légère ou grave, selon les
mœurs du tems et la sensibilité de celui qui
l'a reçue, et il n'est pas facile d'évaluer en
argent la douleur ou la honte d'un coup ou
d'une parole. La jurisprudence grossière des Décemvirs avait confondu toutes les insultes de
la colère, qui n'allaient pas à la fracture d'un
membre, et elle soumettait l'agresseur à la même
peine de vingt-cinq *as*. Mais dans l'espace de
trois siècles, l'*as*, qui pesait une livre, fut
réduit à une demi-once ; et Véracius, qui avait
de la fortune et de l'insolence, se procura à
peu de frais le plaisir d'enfreindre et de satisfaire la loi des Douze-Tables : il courait les quar-
tiers de Rome, en frappant au visage tous ceux
qu'il rencontrait, et son caissier apaisait leurs
clameurs en leur offrant les vingt-cinq pièces
de cuivre, c'est-à-dire, à peu près vingt-quatre
sous (170), qu'exigeait la loi. Les Préteurs exa-

____

(170) Aulu-Gelle (*Nuits Attiques*, xx, 1) a tiré cette
histoire des Commentaires de Q. Labéon, sur les Douze-
Tables.

minaient et évaluaient selon l'équité, la nature de chaque plainte particulière. Quand on adjugeait des dommages civils, le magistrat se permettait de faire entrer dans son calcul les diverses circonstances du tems et du lieu, de l'âge et de la dignité, qui aggravaient la honte et les douleurs de la personne injuriée : mais s'il imposait une amende, s'il infligeait un châtiment, il empiétait sur le ressort de la loi criminelle, à l'imperfection de laquelle peut-être il suppléait.

IV. *Peines et Châtimens.*

Tite-Live rapporte le supplice du dictateur d'Albe, qui fut écartelé par huit chevaux, comme le premier et le dernier exemple de la cruauté des Romains dans le châtiment des crimes les plus atroces (171). Mais cet acte de justice ou de vengeance se fit contre un ennemi étranger, au milieu de l'ivresse de la victoire, et par les ordres d'un seul homme. Les Douze-Tables offrent une preuve plus décisive de l'esprit national,

------

(171) La narration de Tite-Live (1, 28) est imposante et grave. *At tu dictis Albane maneres* est une réflexion bien dure, indigne de l'humanité de Virgile (*Enéide*, VIII, 643). Heyne, avec son bon goût ordinaire, observe que ce sujet était trop horrible, et que l'auteur de l'Enéide n'aurait pas dû le placer sur le bouclier d'Enée (t. 3, p. 229).

puisqu'elles furent rédigées par les hommes les plus sages du sénat, et acceptées par le suffrage libre du Peuple. Toutefois elles sont, ainsi que les statuts de Dracon (172), écrites en caractères de sang (173). Elles approuvent la règle inhumaine et inégale du talion; et elles ordonnent rigoureusement la perte d'un œil pour un œil, d'une dent pour une dent, et d'un membre du corps pour un membre, à moins que le coupable ne puisse obtenir son pardon, en payant une amende de six cents marcs de cuivre. Les décemvirs décernèrent avec beaucoup de légèreté la peine du fouet et de la servitude, et assignèrent des peines capitales à neuf délits d'une nature bien différente. 1°. Ils rangèrent dans cette classe tous les actes de *trahison* contre l'État, ou de correspondance avec l'ennemi. Le supplice était cruel et ignominieux :

---

(172) Sir John Marsham (*Canon Chronicus*, p. 593—596) et Corsini (*Fasti Attici*, t. 3, p. 62) ont fixé l'époque où vécut Dracon, Olympiade XXXIX, 1. Quant à ses lois, voyez les auteurs qui ont écrit sur le gouvernement d'Athènes, Sigonius, Meursins, Potter, etc.

(173) La septième *de Delictis*, dans les Douze-Tables, est développée par Gravina (*Opp.* p. 292, 293, avec un *Commentaire*, p. 214—230); Aulu-Gelle (**xx**, 1) et la *Collatio Legum Mosaïcarum et Romanorum*, contiennent beaucoup de détails instructifs.

on cachait sous un voile la tête du Romain dégénéré ; on lui liait les mains derrière le dos ;
et après qu'il avait été battu de verges par le
licteur, on l'attachait à une croix au milieu du
Forum, ou on le suspendait à un arbre, qui
passait pour être de mauvais augure, et on l'y
laissait expirer. 2°. Les assemblées nocturnes
dans la capitale, soit que le plaisir, la religion
ou le bien public en fussent le prétexte. 3°. L'assassinat d'un citoyen, qui exige le sang du meurtrier, si l'on écoute l'indignation qui s'élève dans
le cœur de tous les hommes. Le poison est encore plus odieux que l'épée ou le poignard, et
on est étonné de découvrir que cette scéléra-
tesse raffinée souilla de bonne heure la simplicité de la république et la chasteté des matrones
romaines (174). On enfermait dans un sac, et
on jetait dans la rivière ou dans la mer, le
parricide qui violait les lois de la nature et de

----

(174) Tite-Live fait mention de deux époques où 3000
personnes furent accusées et 190 nobles matrones convain-
cues du crime d'empoisonnement (XL, 43, VIII, 18);
Hume distingue les tems de vertu publique et ceux de vertu
privée (*Essays*, vol. 1, p. 22, 23). Je croirais plutôt que ces
effervescences de crime sont des accidens et des monstruo-
sités qui ne laissent point de traces dans les mœurs d'une
nation.

la reconnaissance : on mit tour à tour dans le sac qui le contenait, un coq, une vipère, un chien et un singe (175). L'Italie ne produit pas de singes ; mais on ne put s'apercevoir de ce défaut que vers le milieu du sixième siècle, époque où l'on vit un parricide pour la première fois (176). 4°. Le crime d'un *incendiaire*. On le battait d'abord de verges, et on le livrait ensuite aux flammes ; on n'est tenté d'applaudir à la justice du talion que dans ce cas. 5°. Le *parjure judiciaire*. On précipitait le témoin du

---

(175) Les Douze-Tables et Cicéron (*pro Roscio Amerino*, c. 25, 26) ne parlent que du sac. Sénèque (*Excerp. Controvers.* v, 4) y ajoute les serpens ; Juvénal a pitié du singe qui n'avait fait aucun mal, *innoxia Simia* (*Satir.* xiii, 156) ; Adrien (*apud Dositheum magistrum*, l. 3, c. 16, p. 874—876, avec *la note de Schulting*) ; Modestinus (*Pandect.* 48, tit. 9, leg. 9) ; Constantin (*Code*, l. 9, tit. 17) ; et Justinien (*Institutes*, l. 4, tit 18) désignent tout ce qu'on mettait dans le sac du parricide. Mais on simplifiait dans la pratique ce supplice bizarre. *Hodie tamen vivi exuruntur vel ad bestias dantur.* Paul (*Sentent. Recept.*, l. 5, tit. 24, p. 512, édit. de Schulting).

(176) Le premier parricide qu'on ait vu à Rome fut L. Ostius, après la seconde guerre punique (Plutarque, *in Romulo*, t. 1, p. 57). Durant la guerre des Cimbres, P. Malleolus se rendit coupable du premier matricide (*Tite-Live*, Epitome, l. lxviii).

haut de la roche Tarpéienne : on regardait sa perfidie comme d'autant plus funeste , que les lois pénales étaient sévères , et qu'on ne connaissait pas les preuves par écrit. 6°. La corruption d'un juge qui recevait de l'argent pour prononcer des arrêts iniques. 7°. Les libelles et les satires , dont les traits grossiers troublaient quelquefois la paix d'une cité ignorante. On donnait des coups de bâton à l'auteur, châtiment digne d'un tel délit ; mais il n'est pas sûr qu'on le fît expirer sous le bâton du bourreau (177). 8°. Le dégât ou la destruction nocturne des blés de son voisin. On suspendait le criminel, et on l'immolait à Cérès. Les divinités des bois étaient moins implacables ; l'extirpation de l'arbre le plus précieux n'entraînait qu'une amende de cinquante marcs de cuivre. 9°. Les enchantemens magiques qui , dans l'opinion des bergers du Latium , pouvaient épuiser la force d'un ennemi , trancher le fil de ses jours, ou arracher de ses domaines les plantations qui

---

(177) Horace parle du *Formidine Fustis* (l. 2 , Epist. 11, 154); mais Cicéron (*de republica*, l. 4 , *apud Augustin. de Civit. Dei* IX, *in fragment. philosoph.*, t. 3, p. 393 , édit. d'Olivet) assure que les décemvirs décernèrent des peines capitales contre les libelles : *Cùm perpaucas res capite sanxissent*—PER PAUCAS !

avaient les racines les plus profondes. Il me reste
à parler de la cruauté des Douze-Tables envers
les débiteurs insolvables ; et , j'ose préférer le
sens littéral de l'antiquité , à l'interprétation
spécieuse des critiques modernes (178). Quand
on avait obtenu la preuve judiciaire de la créance
ou l'aveu du débiteur, ce n'était qu'après trente
jours de grâce qu'on pouvait livrer celui-ci à son
concitoyen. On le détenait alors en prison , et
on ne lui donnait que douze onces de riz par
jour : il était permis de le charger d'une chaîne
du poids de quinze livres : on l'exposait trois
fois dans la place du marché , afin de solliciter
la pitié de ses amis et de ses compatriotes. Lorsque
soixante jours s'étaient écoulés , la perte de la
liberté ou de la vie acquittait la dette ; on fai-
soit mourir le débiteur insolvable, ou on le vendait comme esclave au-delà du Tibre ; mais si
plusieurs créanciers demeuraient inflexibles , la
loi les autorisait à le mettre en pièces , et à

---

(178) Bynkershoek (*Observat. Juris. Rom.* l. 1 , c. 1,
in Opp. t. 1 , p. 9, 10, 11) s'efforce de prouver que les
créanciers ne partageaient pas le *corps*, mais la *valeur* du
débiteur insolvable. Son interprétation n'étant qu'une métaphore continuelle, ne peut détruire celle des Romains eux-
mêmes, de Quintilien, de Cæcilius, de Favonius et de Tertullien. Voyez Aulu-Gelle (*Nuits Attiques*, XXI.)

satisfaire leur vengeance par cet affreux partage. Les défenseurs d'une loi si atroce ont dit qu'elle devait intimider fortement les oisifs et les fripons, et les empêcher de contracter des dettes qu'ils ne pouvaient payer : mais l'expérience dissipait cette crainte salutaire, puisqu'il ne se trouvait aucun créancier qui profitât d'une cruelle disposition dont il ne retirait aucun profit. A mesure que les mœurs de Rome s'adoucirent, l'humanité des accusateurs, des témoins et des juges s'écarta du code criminel des Décemvirs, et une rigueur excessive produisit l'impunité. La loi Porcia et la loi Valéria défendaient aux magistrats d'infliger à un citoyen une peine capitale, ou même un châtiment corporel ; et on imputa adroitement, et peut-être avec vérité, ces statuts sanguinaires, tombés en désuétude, non pas à l'esprit des Patriciens, mais à la tyrannie des Rois.

Au défaut des lois pénales, et au milieu de l'insuffisance des actions civiles, la juridiction privée des citoyens maintint dans la ville la paix et la justice d'une manière imparfaite. Les malfaiteurs qui remplissent nos prisons sont le rebut de la société, et on peut ordinairement attribuer à l'ignorance, à la pauvreté et à des passions grossières les crimes dont on les punit.

Un vil Plébéien pouvait réclamer et usurper le caractère sacré de membre de la république pour commettre des forfaits ; mais sur la preuve, ou même sur le soupçon du délit, on attachait à une croix l'esclave ou l'étranger, et l'on pouvait exercer sans obstacle cette justice rigoureuse et sommaire sur le plus grand nombre des individus qui formaient la populace de Rome. Chaque famille avait un tribunal domestique, qui n'était pas borné, comme celui du Préteur, à la connaissance des actions extérieures : la discipline de l'éducation inculquait des principes et des habitudes de vertu ; et un père répondait des mœurs de ses enfans, puisqu'il disposait, sans appel, de leur vie, de leur liberté et de leur héritage. Dans des cas pressans, le citoyen avait droit de venger les torts faits à la société ou à lui-même. Les lois juives, les lois athéniennes et les lois de Rome permettaient de tuer un voleur de nuit ; mais en plein jour on ne pouvait égorger le voleur sans prouver le danger qu'on avait couru. Un mari qui surprenait dans sa couche sa femme avec son amant, était autorisé à satisfaire lui-même sa vengeance (179) ; la loi excusait alors les

____

(179) Le premier discours de Lysias (Reiske, *Orator.*

plus grands excès de la fureur (180); et ce ne
fut que sous le règne d'Auguste qu'on obligea
le mari à peser le rang du coupable, ou que le
père fut réduit à sacrifier sa fille avec son sé-
ducteur. Après l'expulsion des rois, on dévouait
aux dieux infernaux le Romain qui osait prendre
leur titre ou imiter leur tyrannie : chacun de
ses concitoyens se trouvait armé du glaive de
la justice; et si l'action de M. Brutus répugne
à la reconnaissance ou à la sagesse, le jugement des Romains l'avait consacrée (181). La

---

Græc., t. 5, p. 2—48) offre la défense d'un mari qui avait
tué un adultère. Le docteur Taylor (*Lectiones Lysiacæ*,
c. xi, in *Reiske*, t. 6, p. 301—308) discute avec beaucoup de savoir les droits des maris et des pères à Rome et
à Athènes.

(180) Voyez Casaubon (*ad Athenæum*, l. 1, c. 5, p. 19).
Percurent raphani mugilesque. Catulle (p. 41, 42, édit. de
Vossius). *Hunc mugilis intrat.* (Juvénal, *satir.* x , 317).
Hunc perminxere calones (Horat. l. 1, *satir.* 11, 44).
Familiæ stuprandum dedit..... Fraudi non fuit. Valère
Maxime (l. 6, c. 1, n° 13).

(181) Tite-Live (11, 8) et Plutarque (*in Publicolá*, t. 1,
p. 187) remarquent cette loi : elle justifie complètement l'o-
pinion publique sur la mort de César, opinion que Suétone
ne craignait pas de publier sous le gouvernement des empereurs. *Jure cæsus existimatur*, dit-il (*in Julio*, c. 76).
Lisez de plus les lettres que s'écrivirent Cicéron et Mucius,
peu de mois après les Ides de Mars (*ad Fam.* xi, 27, 28).

coutume barbare de paraître en public armé au milieu de la paix (182), et les sanguinaires maximes de l'honneur étaient étrangères aux Romains : durant les deux siècles les plus vertueux de la république, depuis l'époque où la liberté fut égale pour tous les citoyens, jusqu'à la fin des guerres puniques, la sédition ne troubla jamais la ville, et des crimes atroces la souillèrent rarement. Lorsque les factions domestiques et l'ivresse de la domination excitèrent tous les vices, on sentit davantage les suites funestes de la désuétude des lois criminelles. Du tems de Cicéron, chaque citoyen jouissait du privilége de l'anarchie : les tentatives de chaque ministre de la république allaient jusqu'au pouvoir des Rois ; et leurs vertus méritent d'autant plus d'éloges, qu'il faut les attribuer uniquement à la nature et à la philosophie. Le tyran de la Sicile, Verrès, après s'être livré durant trois ans à la rapine, à la cruauté, aux passions les plus dissolues, fut traduit en justice ; mais on ne put lui demander que la restitution

---

(182) Πρωτοι δε Αθηναιοι τον τε σιδηρον κατεθεντο. Thucydide, l. 1, c. 6. L'historien, qui tire de cette circonstance un moyen de juger l'état de la civilisation, dédaignerait la barbarie d'une cour de l'Europe.

de près de 8 millions ; et telle fut la modération des lois, des juges, et peut-être de l'accusateur lui-même (183), que le coupable ayant
rendu la treizième partie de ce qu'il avait volé,
alla ensuite passer son exil au sein de la mollesse
et de l'abondance (184).

Le dictateur Sylla, qui, au milieu de ses
triomphes sanguinaires, voulait réprimer la
licence plutôt qu'opprimer la liberté des Romains, essaya le premier, mais d'une manière
imparfaite, de rétablir la proportion des délits et
des peines. Il se vantait d'avoir proscrit, d'après
son seul caprice, quatre mille sept cents citoyens (185). Mais, en qualité de législateur, il

---

(183) Cicéron évalua d'abord les dommages de la Sicile à
millies (20,000 millions fr.), *Divinatio*, *in Cæcilium*, c. 4.
Il les réduisit ensuite à *quadringenties* (8 millions fr.),
première action *in Verrem*, c. 18 ; et enfin il se contenta
de *tricies* (600,000 fr.). Plutarque (*in Cicern.*, t. 3,
p. 1584) n'a pas dissimulé les soupçons et les bruits qui
coururent alors.

(184) Verrès passa environ trente années dans son exil,
jusqu'au second triumvirat, époque où sa belle vaisselle de
Corinthe détermina Marc-Antoine à le proscrire. I line(*Hist.
nat.* XXXIV, 3).

(185) Tel est le nombre indiqué par Valère-Maxime(l. 9,
c. 2, n°. 1). Florus (IV, 21) dit que 2000 sénateurs et che-

respecta les préjugés de son tems ; et , au lieu de
condamner à la mort le voleur ou l'assassin , le
général qui livrait une armée , ou le magistrat
qui ruinait une province, il se contenta d'ajouter
aux dommages pécuniaires la peine de l'exil , ou,
pour parler le langage de la loi , l'interdiction
du feu et de l'eau. La loi Cornélia , et ensuite les
lois Pompéia et Julia introduisirent un nouveau
système de jurisprudence criminelle (186) , et
les empereurs, depuis Auguste jusqu'à Justinien,
en augmentèrent la sévérité , qu'ils eurent soin
de cacher sous les noms des auteurs primitifs de
ces lois. Mais l'invention et l'usage fréquent des
peines extraordinaires venaient du désir d'étendre
et de déguiser le progrès du despotisme. Lors-

---

valiers furent proscrits par Sylla. Appien (*de Bello Civili* ,
l. 1, c. 95, t. 2, p. 135. *édit. Schweighæuser*) compte avec
plus d'exactitude , 40 victimes du rang de sénateur , et 1600
de l'ordre équestre.

(186) Voyez sur les lois pénales, c'est-à-dire les lois
Cornélia, Pompéia, Julia, de Sylla , de Pompée et des Césars , les Sentences de Paul (l. 4, tit. 18—30, p. 497—528,
édit. Schulting); le Code Grégorien (*Fragment.* l. 19,
p. 795, 706, édit. Schulting); la *Collatio Legum Mosaïcarum et Romanorum* (tit. 1—xv); le Code Théodosien
(l. 9); le Code Justinien (l. 9); les Pandectes (xlviii);
les Instituts (l. 4, tit. 18.); et la Version grecque de Théophile (p. 917—926).

qu'il s'agissait de condamner d'illustres Romains,
le sénat, esclave des volontés du maître, était
toujours prêt à confondre la puissance judiciaire
et la puissance législative. Les gouverneurs devaient maintenir la tranquillité de leurs provinces
par une administration arbitraire et sévère de la
justice; mais l'étendue de l'empire détruisit la
liberté de la capitale; et un malfaiteur espagnol
ayant réclamé le privilége d'un Romain, Galba
le fit suspendre à une croix plus belle et plus
élevée (187). Des rescrits, émanés du trône,
décidaient de tems à autre les questions qui,
par leur nouveauté et leur importance, sem-
blaient être au-dessus du pouvoir et du discer-
nement d'un Proconsul. On ne déportait et l'on
ne décapitait que les personnes d'un rang hono-
rable; les criminels des autres classes étaient
pendus ou brûlés, enterrés dans les mines, ou
exposés aux bêtes de l'amphithéâtre. On poursuivait et on exterminait comme des ennemis de
la société les voleurs en armes : voler ou dé-
tourner des chevaux ou du bétail était un crime

----

(187) C'était un tuteur qui avait empoisonné son pupille.
On voit l'atrocité du crime; cependant Suétone (l. 9) met
ce châtiment au nombre des actions où Galba se montra
Acer, vehemens, et in delictis coercendis immodicus.

capital (188); mais on ne voyait jamais qu'une injure civile dans le vol simple. Les caprices des hommes revêtus de l'autorité fixaient trop souvent le degré du délit et la forme du châtiment; et on laissait les sujets dans l'ignorance des dangers auxquels chaque action de leur vie les exposait.

Les péchés, les vices et les délits sont du ressort de la théologie, de la morale ou de la jurisprudence. Lorsque leurs jugemens sont d'accord, ils se fortifient l'un l'autre; mais dès qu'ils varient, un sage législateur évalue le délit et détermine la peine selon le mal qui en résulte pour la société. C'est sur ce principe que l'attentat le plus audacieux contre la vie et la propriété d'un citoyen paraît moins atroce que le crime de trahison ou de rebellion qui attente à la majesté de la république : les jurisconsultes, toujours esclaves, prononcèrent que la république se

---

(188) Les *Abactores*, ou *Abigeatores* qui chassaient au loin un cheval, deux jumens ou deux bœufs, cinq cochons ou dix chèvres, encouraient une peine capitale. Paul *Sentent. Recept.* l. 4, tit. 18, p. 497, 498. Adrien (*ad Concil. Bœticæ*), plus sévère, lorsque le délit est plus fréquent, condamne les criminels, *ad gladium, ludi damnationem* Ulpien) (*de officio Proconsulis*, l. 8), *in Collatione legum Mosaïc. et Rom.* (tit. xi, p. 235).

trouvait dans la personne de son chef, et les soins
continuels des empereurs aiguisèrent le tranchant
de la loi Julia. On peut tolérer le commerce
licencieux des deux sexes, parce que c'est un
besoin de la nature ; ou le défendre, parce qu'il
produit des désordres et de la corruption : mais
l'infidélité d'une femme nuit à la réputation, à
la fortune et à la famille du mari. Le sage Auguste, après avoir réprimé la liberté de la vengeance, fournit cette offense domestique à l'a-
nimadversion des lois : il assujétit les coupables
à des confiscations et à des amendes considérables ; et les reléguait pour long-tems ou pour
leur vie dans des îles séparées (189). La religion
ne distingue pas l'infidélité de l'époux ; mais l'infidélité de celui-ci ne produisant pas les mêmes
effets civils, on ne permettait point à la femme

---

(189) Jusqu'à la publication du Julius Paulus de Schulting (l. 2, tit. 26, p. 317—323) on a affirmé et on a cru
que les lois Julia décernaient la peine de mort contre l'adultère ; et cette méprise est venue d'une fraude ou d'une erreur
de Tribonien. Au reste, Lipse devinait la vérité, d'après le
récit de Tacite (*Annales* II, 50, III, 24, IV, 42), et même
d'après l'usage d'Auguste ; celui-ci distinguait les faiblesses
des femmes de sa famille, qui entraînaient le crime de haute-
trahison.

de venger ses injures personnelles (190); et la jurisprudence du Code et des Pandectes ne connaît point la distinction de l'adultère simple et de l'adultère double, si familière et si importante dans la Loi Canonique. Il est un vice plus odieux, dont la pudeur rejette le nom, et dont la nature abhorre l'idée. Je vais en parler en peu de mots et malgré moi. L'exemple des Étrusques (191) et des Grecs (192) corrompit les premiers Romains : enivrés par la prospérité et la puissance, les plaisirs innocens leur parurent insipides; et le laps du tems et la multitude des coupables abolirent

(190) Dans les cas d'adultère, Sévère borna les droits du mari à une accusation publique (*Cod. Justinien*, tit. 9, leg. 1). Cette faveur accordée au mari n'est peut-être pas injuste, puisque l'infidélité des femmes a des suites bien plus fâcheuses que celle des hommes.

(191) Timon (l. 1) et Théopompe (l. 43) *apud Athœneum* (l. 12, p. 517), décrit le luxe et la débauche des Étrusques : πολυ μεν τοι γε χαιρουσι συνοντες τοις παισι καὶ τοις μειρακιοις. Vers la même époque (A. U. C. 445), les jeunes Romains fréquentaient les écoles de l'Etrurie. Tite-Live (ix, 36).

(192) Les Perses s'étaient corrompus à la même école : απ' Ελληνων μαθοντες παισι μισγονται, Hérodote (l. 1, c. 135).

peu à peu la loi Scatinia (193) qu'on avait arrachée de force. Cette loi regardait l'enlèvement et peut-être la séduction d'un jeune homme d'extraction libre, comme une injure personnelle, et elle n'infligeait d'autre peine qu'une misérable amende de dix mille sesterces, ou de deux mille francs : il était permis à la chasteté qui résistait ou se vengeait, de tuer le ravisseur ; et j'aime à croire qu'à Rome ainsi qu'à Athènes, le déserteur volontaire et efféminé de son sexe perdait les honneurs et les droits de citoyen (194). Mais la sévérité de l'opinion publique ne décourageait pas la pratique du vice : on confondait ce vice, qui souillait la nature de l'homme, avec les fautes moins graves de la fornication et de l'adultère, et le débauché n'était pas exposé au déshonneur qu'il imprimait sur l'homme ou la femme qui servait à ses honteuses amours. Depuis Catulle jusqu'à Juvénal, les poètes montrent assez la corruption de leur siècle :

---

(193) Le nom, l'époque et les dispositions de cette Loi ont la même incertitude (Gravina, *Opp.* p. 432, 435. Heineccius, *Hist. Jur. Rom.* nº 108. Ernesti, *Clav. Cicéron.* in *Indice Legum*).

(194) Voyez le Discours d'Æschines contre le catamite Timarchus, in Reiske, *Orator. Græc.* t. 3, p. 21—184.

les jurisconsultes entreprirent vainement la réforme des mœurs, et on ne remarque de changement qu'à l'époque où le plus vertueux des Césars proscrivit ce vice, en le déclarant un crime contre la société.

Un nouvel esprit de législation, dont les erreurs même sont respectables, s'éleva dans l'empire avec la religion de Constantin (195). On regarda les lois de Moïse comme le divin modèle de la justice, et les peines qu'elles décernent furent adaptées par les princes chrétiens aux différens délits contre la morale et la religion. On déclara d'abord que l'adultère était un crime capital : on assimila les faiblesses des deux sexes à l'empoisonnement ou à l'assassinat, à la sorcellerie ou au parricide : tous les coupables, de condition libre ou de condition servile, furent noyés, décapités ou jetés vivans au milieu des flammes. L'indulgence presque générale sur ce point épargna les adultères ; mais une pieuse indignation poursuivait ceux qui aimaient leur sexe

(195) Voyez les Lois de Constantin et de ses successeurs contre l'adultère, etc. dans le Code Théodosien (l. 9, tit. 7, leg. 7 ; l. xi , tit. 36, leg. 1 , 4) ; et le Code Justinien (l. 9, tit. 9, leg. 30, 31). Ces Princes parlent le langage de la passion , ainsi que celui de la justice, et ils ont la mauvaise foi d'attribuer aux premiers Césars leur propre sévérité.

propre. Les mœurs impures de la Grèce dominaient toujours dans chaque ville de l'Asie. Justinien diminua du moins la peine de l'infidélité des
femmes ; on ne condamnait plus l'épouse criminelle qu'à la solitude et à la pénitence , et
son mari était le maître de la rappeler deux ans
après. Le même empereur toutefois se déclara
l'ennemi implacable du vice contre nature , et
la pureté de ses motifs put à peine excuser la
cruauté de ses persécutions (196). Il donna à
ses édits un effet rétroactif , malgré tous les
principes de l'équité : seulement il accorda un
intervalle de peu de durée à ceux qui viendraient
avouer leur crime et demander pardon. L'am-
putation et l'insertion de plusieurs pointes dans
les pores et les tubes , dont la sensibilité est
extrême , faisaient partie du supplice ; et pour
justifier cette cruauté , il s'avisa de dire que
les délinquans auraient perdu la main , s'ils
avaient été convaincus de sacrilége. Dans cet affreux état de douleur et de honte , deux évêques ,
Isaïe de Rhodes et Alexandre de Diospolis ,
furent traînés au milieu des rues de Constanti-

---

(196) Justinien (*Novelles* 77 , 134 , 141). Procope (*in
Anecdot.* c. 11—16, avec les Notes d'Alleman , Théophanes ,
p. 151. Cedrenus, p. 368. Zonaras , l. 14, p. 64.

nople, tandis qu'un héraut avertissait les ecclésiastiques de profiter de cette grande leçon, et
de ne pas souiller la sainteté de leur ministère :
ces prélats étaient peut-être innocens. On condamnait à la mort ou à l'infamie sur la déposition
d'un seul témoin ; quelquefois d'un enfant,
quelquefois d'un esclave. Les juges présumaient
coupables les citoyens de la faction des *verds*,
les riches et les ennemis de Théodora ; et ce
crime fut imputé à tous ceux à qui on ne pouvait pas en imputer un autre. Un grand publi-
ciste français (197) a osé remarquer qu'il reste
de l'incertitude sur tout ce qui est secret, et
que la tyrannie peut abuser de l'horreur même
qu'inspire le vice dont nous parlons : mais il
ajoute qu'on doit avoir confiance dans le goût
et la raison des hommes, que la nature saura
reprendre ses droits ou les défendre ; et malheu-
reusement son assertion n'est point d'accord
avec l'histoire ancienne et les progrès de ce
vice.

Les citoyens de Rome et d'Athènes avaient,
en matière criminelle, l'inestimable privilége

-----

(197) Montesquieu (*Esprit des Lois*, l. 12, c. 6).Ce philosophe, si recommandable par son génie, concilie les droits de
la liberté et de la nature, qui ne devraient jamais être opposés.

d'être jugés par leurs pairs (198). 1°. L'administration de la justice est la plus ancienne des fonctions exercées par le prince ; les Rois de Rome s'en chargèrent, et Tarquin en abusa : sans loi ou sans conseil il prononçait des jugemens arbitraires. Les premiers Consuls succédèrent à cette prérogative royale. Le droit d'appel abolit bientôt la juridiction des magistrats, et le tribunal suprême du peuple décida toutes les causes publiques; mais des démocrates effrénés, qui se mettent au-dessus des formes, dédaignent trop souvent les principes inviolables de la justice. La jalousie des Plébéiens envenima l'orgueil du despotisme ; et les héros d'Athènes vantèrent quelquefois le bonheur du Perse, dont le sort ne dépendait que du caprice d'un *seul* tyran. Des entraves salutaires, dont le

---

(198) Charles Sigonius (l. 3, *de Judiciis*, in *Opp.* t. 3, p. 679—854), explique avec beaucoup d'érudition et en style classique l'importante matière des questions et des Jugemens publics à Rome, et on en trouve un Précis bien fait dans la *République Romaine* de Beaufort (t. 2, l. 5, p. 1—121). Ceux qui désirent plus de détails, peuvent étudier Noodt (*de Jurisdiction et Imperio*, *libri duo*, t. 1, p. 93 — 134); Heineccius (*ad Pandect.* l. 1 et 2; *ad Institut.* l. 4, tit. 17); *Element. ad Antiquitat.*); et Gravina, (*Opp.* 230—251).

peuple lui-même chargea ses passions , paraissent avoir été en même tems la cause et l'effet de la gravité et de la modération des Romains. Le droit d'accusation était réservé aux magistrats. Le décret des trente-cinq Tribus pouvait décerner une amende ; mais une loi fondamentale attribuait la connaissance de tous les délits capitaux à une assemblée des Centuries , où le crédit et la fortune dominaient toujours. On interposa des proclamations et des ajournemens multipliés , afin que la prévention et le ressentiment eussent le loisir de se calmer : un Augure arrivant à propos , ou l'opposition d'un Tribun annullait toute la procédure ; et ces instructions devant le peuple étaient pour l'ordinaire moins formidables à l'innocence qu'utiles aux criminels. Mais d'après cette réunion du pouvoir judiciaire et du pouvoir législatif , on ignore si l'accusé était absous ou s'il obtenait son pardon ; et lorsque les orateurs de Rome ou d'Athènes parlaient en faveur d'un illustre client , ils invoquaient la politique et la bienveillance , ainsi que la justice du souverain. 2°. Assembler les citoyens à chaque accusation devint d'autant plus difficile , que le nombre des citoyens et celui des coupables augmentait sans cesse ; et on adopta l'expédient bien naturel de déléguer la juridiction du peuple

aux magistrats en exercice, ou à des *inquisiteurs*
extraordinaires. Dans les premiers tems, ces
jugemens publics furent rares. Au commencement du septième siècle de Rome, il fallut
établir un tribunal perpétuel : quatre Préteurs
furent revêtus, pour une année, du droit de
juger les graves délits de trahison, d'extorsion,
de péculat et de corruption par présens ou par
largesses ; Sylla créa de nouveaux Préteurs, et
étendit leur juridiction sur cette classe de crimes
qui attentent d'une manière plus directe à la
sûreté des individus. Les inquisiteurs préparaient
et dirigeaient l'instruction ; mais ils étaient réduits à prononcer l'arrêt de la majorité des juges,
qu'on a comparés, avec encore plus de prévention que de vérité, aux jurés de l'Angleterre (199).
Pour remplir cette importante mais incommode
fonction de juge, le Préteur formait chaque année une liste de citoyens d'une ancienne famille,
et respectables par leur conduite. Après une
longue lutte entre les différens ordres de l'Etat,

______

(199) Ces fonctions de Juges ou de Jurés formèrent à
Rome, et forment en Angleterre un devoir passager, et non
pas une Magistrature ou une profession ; mais l'unanimité des
suffrages est particulière aux lois de la Grande-Bretagne, qui
exposent les Jurés à un genre de torture, tandis qu'on en a
affranchi les criminels.

on les tira en nombre égal du **Sénat**, de l'Ordre Equestre et du Peuple : on en nomma jusqu'à quatre cent cinquante pour les affaires ordinaires; et les différens rôles ou *décuries* de juges devaient contenir les noms de plusieurs milliers de Romains, qui représentaient l'autorité judiciaire de l'état. Dans chaque cause particulière, on en faisait sortir de l'urne un nombre suffisant; ils prêtaient serment de demeurer intègres; la manière d'opiner assurait leur indépendance : le droit de récusation accordé à l'accusé ou à l'accusateur, écartait le soupçon de partialité; et lors du jugement de Milon, quinze juges ayant été récusés de part et d'autre, il n'y eut plus que cinquante-une voix ou tablettes, dont les unes absolvaient l'accusé, les autres le condamnaient, et d'autres enfin présumaient son innocence, parce que le délit ne leur paraissait pas assez prouvé (200). 3°. Le Préteur de Rome exerçait une juridiction civile; et, en cette qualité, il était vraiment juge et presque législateur. Mais dès qu'il avait déterminé la nature de l'action, il

______

(200) Nous devons ce fait intéressant à un fragment d'Asconius Pedianus, qui vivait sous le règne de Tibère. La perte de ses Commentaires sur les Oraisons de Cicéron nous a privé d'un fonds précieux de connaissances historiques ou relatives aux Lois.

se donnait souvent un délégué, qu'il chargeait de la décision du fait. Le nombre des actions juridiques augmenta, et le tribunal des Centumvirs qu'il présidait, acquit plus de crédit et plus de réputation. Mais soit qu'il agît seul, ou de l'avis de ses conseils, il y avait peu de danger à revêtir des pouvoirs les plus absolus un magistrat que le peuple choisissait chaque année. Les règles et les précautions établies par la liberté ont demandé quelques détails : le système du despotisme est simple et inanimé. Avant le siècle de Justinien, ou peut-être de Dioclétien, les décuries des juges de Rome ne formaient plus qu'un vain titre : on pouvait recevoir ou dédaigner l'humble avis des assesseurs ; et un seul magistrat, élevé ou chassé d'après le caprice de l'empereur, exerçait la juridiction civile et criminelle dans chaque tribunal.

Un Romain, accusé d'un crime capital, était le maître de prévenir son arrêt en s'exilant ou en se donnant la mort. On présumait son innocence, et on le laissait en liberté jusqu'à ce que son crime fût prouvé d'une manière légale : tant qu'on n'avait pas compté et déclaré l'opinion de la dernière centurie, il pouvait se retirer en paix dans quelqu'une des villes alliées de l'Italie, de la Grèce ou de l'Asie (201). Sa réputation et sa fortune demeuraient intactes, du moins pour ses enfans, par cette mort civile; et les plaisirs de la raison ou des sens lui offraient encore une sorte de bonheur, si son esprit, accoutumé au fracas et à l'ambition de Rome, ne s'ennuyait pas de l'uniformité et du silence de Rhodes et d'Athènes. On avait besoin de plus d'intrépidité pour se soustraire à la tyrannie des Césars; mais les maximes des Stoïciens, l'exemple des plus braves d'entre les Romains, et les encouragemens que la loi donnait au suicide, rendaient cette intrépidité familière. On exposait, après leur mort, d'une manière ignominieuse, les criminels condamnés par les juges; et ce qui était un mal plus réel, on confisquait leurs biens, et on réduisait ainsi leurs enfans à la misère. Lorsque les victimes de Tibère et de Néron anticipaient le décret du prince ou du sénat, le public donnait des éloges à leur courage et à leur diligence; on leur accordait les honneurs de la sépulture, et leurs testamens étaient valides (202).

____

(201) Polybe (l. 6, p. 645). L'étendue de l'Empire et des lieux où l'on jouissait des droits de Citoyens de Rome, obligeaient l'exilé à chercher une retraite plus éloignée.

(202) *Qui de se statuebant, humabantur corpora, mane-*

Il paraît que l'avarice et la cruauté recherchées
de Domitien les privèrent de cette dernière con-
solation, et que la clémence des Antonins eux-
mêmes la leur refusa. Une mort volontaire qui,
dans une affaire capitale, survenait entre l'accusation et l'arrêt, était regardée comme un aveu du
crime, et le fisc inhumain saisissait les dépouilles
du mort (203). Cependant, les jurisconsultes
ont toujours respecté le droit que donne la nature à un citoyen de disposer de sa vie; et la peine
flétrissante qu'imagina Tarquin (204) pour contenir le désespoir de ses sujets, ne fut ni rétablie
ni imitée par les tyrans qui lui succédèrent.
Toutes les autorités de ce monde ne peuvent rien

---

bant testamenta; pretium festinandi. Tacite, Annales vi,
25, avec les Notes de Juste-Lipse.

(203) Julius Paulus (*Sentent. Recept.* l. 5, tit. 12, p. 476);
les Pandect. (l. 48, tit. 21; le Code, l. 9, tit. 50); Bynkershock (t. 1, p. 59; *Observat.* J. C. R. iv, 4), et Montesquieu
(*Esprit des Lois*, l. 29, c. 9), marquent les restrictions civiles de la liberté, et les priviléges des suicides. Les peines
qu'on leur infligea furent inventées dans un tems postérieur
où le despotisme confondit tout.

(204) Pline, *His. Nat.* xxxvi, 24. Lorsque Tarquin fatigua
ses sujets en bâtissant la Capitale, le désespoir porta plusieurs Ouvriers à se donner la mort; il faisait clouer leurs
cadavres sur une croix.

sur celui qui a résolu de mourir, et la crainte d'une vie future peut seule arrêter son bras. Virgile met les suicidés au nombre des infortunés plutôt que des coupables (205); et l'enfer des poètes ne peut influer sérieusement sur la foi ou la conduite des hommes. Mais les préceptes de l'Evangile et ceux de l'Eglise ont, à la longue, chargé d'une pieuse servitude l'esprit des Chrétiens; et ils obligent à attendre, sans murmurer, le dernier trait de la maladie, et le dernier coup du bourreau.

Les lois pénales occupent peu d'espace dans les soixante-deux livres du Code et des Pandectes; et les tribunaux décident de la vie et de la mort d'un citoyen avec moins de circonspection et de délai, qu'ils ne prononcent sur les questions journalières relatives à un contrat ou à un héritage. Il est vrai d'abord qu'il est urgent de maintenir le pacte de la société ; ensuite cette distinction singulière dérive de la nature de la jurisprudence cri-

---

(205) La ressemblance d'une mort violente et d'une mort prématurée, a déterminé Virgile (*Eneïde*, vi , 434—439), à confondre les suicides et les enfans , ceux qui meurent d'amour et les personnes injustement condamnées. Heyne , le meilleur de ses éditeurs , ne sait comment expliquer les idées ou le système de Jurisprudence du poète romain sur cet objet.

minelle et de celle de la jurisprudence civile. Nos
devoirs envers l'Etat sont simples et uniformes;
la loi d'après laquelle on condamne un citoyen
n'est pas gravée seulement sur le marbre et l'airain, mais dans le cœur du coupable, et la certitude d'un seul fait prouve ordinairement son
crime. Mais nos devoirs réciproques sont très-
variés et même infinis: des injures, des bienfaits
et des promesses, créent, annullent ou modifient
nos obligations; et l'interprétation des contrats
ou des actes de dernière volonté, que dictent
souvent la fraude ou l'ignorance, offrent à la
sagacité du juge un exercice bien long et bien laborieux. L'étendue du commerce et celle de l'état
multiplient les affaires de la vie, et la résidence
des plaideurs dans les provinces éloignées en-
traîne des incertitudes, des délais et des appels
inévitables de la juridiction du lieu à celle du
magistrat suprême. Justinien, empereur de Constantinople et de l'Orient, se trouvait, d'après la
loi, le successeur du berger du Latium, qui avait
établi une colonie sur les bords du Tibre. Dans
une période de treize siècles, les lois n'avaient
suivi qu'à regret les changemens survenus dans
la constitution et les mœurs; et le désir, esti-
mable en lui-même, de concilier les anciens noms
et les institutions récentes, détruisit l'harmonie

et enfla la grandeur d'un système qui était obscur, et qui avait des irrégularités sans nombre. Les lois qui excusent dans tous les cas l'ignorance des sujets, accusent elles-mêmes leur imperfection : la jurisprudence civile, telle qu'elle fut abrégée par Justinien, demeura une science mystérieuse et l'objet d'un commerce utile, et la secrète industrie des praticiens épaissit les ténèbres de cette étude déjà trop embrouillée. Les frais du procès excédaient quelquefois la valeur de la chose qu'on réclamait devant les tribunaux ; et la pauvreté ou la sagesse de ceux qui avaient des prétentions à former, les forcer à abandonner quelquefois les droits les plus clairs. Une justice si coûteuse pouvait diminuer l'esprit de chicane ; mais cette inégalité d'avantages ne sert qu'à augmenter l'influence des riches et aggraver la misère du pauvre. Des exceptions dilatoires et dispendieuses donnent au riche plaideur un avantage plus sûr que celui qu'il pouvait espérer en corrompant son juge. L'expérience d'un abus dont notre siècle et l'Angleterre elle-même ne sont pas exempts, révolte les âmes généreuses ; et quelquefois, dans un mouvement d'indignation, on forme le vœu peu réfléchi que notre laborieuse jurisprudence soit remplacée par les décrets sommaires d'un cadi turc. Cependant, après quelque méditation, on s'aper-

çoit bientôt qu'on a besoin de ces formes et de ces
délais pour défendre la personne et la propriété
du citoyen ; que l'autorité arbitraire des juges est
le premier instrument de la tyrannie, et que les
lois d'un peuple libre doivent prévoir et décider
toutes les questions qui semblent devoir s'élever
dans l'exercice du pouvoir et les transactions de
l'industrie. Mais le gouvernement de Justinien
réunissait les maux de la liberté et de la servitude, et les Romains furent accablés tout à la fois
par la multiplicité des lois, et par la volonté despotique de leur maître.

HISTOIRE

DU

DROIT FRANÇAIS.

Avant que les Francs entrassent dans les Gaules, on y suivait les lois romaines, qui continuèrent d'y être observées sous les rois de la première et de la seconde race, mais avec les lois barbares et les Capitulaires des rois. Les désordres du dixième siècle confondirent toutes ces lois ; en sorte qu'au commencement de la troisième race de nos rois, il n'y avait guère d'autre droit en France qu'un usage incertain, à quoi les savans, ayant joint ensuite l'étude du droit romain, leurs décisions, mêlées avec cet ancien usage, ont formé les coutumes, qui ont été depuis écrites par autorité publique. Enfin les rois ont établi plusieurs droits nouveaux par leurs ordonnances. C'est tout ce que je me propose d'expliquer dans cet écrit, et j'espère que l'on me pardonnera, si j'use quelquefois de conjectures, quand on considérera combien cette matière a été peu éclaircie jusqu'à présent. J'appellerai droit ancien celui qui a été en usage jusqu'au dixième siècle, parce que la suite a tellement été interrompue depuis, qu'à peine en trouve-t-on quelque reste qui soit encore en vigueur ; et je nommerai droit nouveau tout ce qui a été suivi sous les rois de la troisième race , parce qu'encore qu'il y ait eu de grands changemens, on y voit une tradition suivie de lois et de maximes, que l'on peut conduire jusqu'à nous.

Je ne sais s'il est à propos de remonter jusqu'aux Gaulois, et si on peut croire qu'après tant de changemens , il nous reste quelque droit qui vienne immédiatement d'eux. Voici toutefois une idée de leurs mœurs et de leur police tirée de Jules-César , où peut-être quelqu'un trouvera du rapport avec les mœurs des derniers siècles. Toute la Gaule était divisée en plusieurs petits peuples indépendans les uns des autres , dont les noms sont demeurés pour la plupart aux villes qui en étaient les capitales , comme Paris, Sens, Tours et grand nombre d'autres. Il n'y avait que deux sortes de personnes qui fussent en quelque considération, les Druides et les Chevaliers. Le reste du peuple était dans une espèce de servi-

tude. Il ne pouvait rien entreprendre de lui-
même, et n'était appelé à aucune délibération.
Plusieurs même, cédant à la rigueur de leurs
créanciers, ou à la tyrannie des nobles, se rendaient effectivement leurs esclaves. Les Druides
avaient la conduite de tout ce qui regardait la religion et les études, et rendaient la justice même
en matière criminelle, dans de grandes assemblées qui se tenaient tous les ans. Leur autorité
était grande, et ils étaient exempts d'aller à la
guerre et de payer aucun tribut. La peine de
ceux qui ne leur obéissaient pas était une espèce d'excommunication. Ils étaient exclus des
sacrifices ; ils passaient pour impies et pour scé-
lérats ; tout le monde fuyait leur rencontre, et ils
ne pouvaient recevoir aucun honneur, ni même
poursuivre leur droit en justice. Les Chevaliers
portaient tous les armes, et allaient tous à la
guerre quand il y en avait, ce qui arrivait entre
ces petits états presque tous les ans. Le plus
grand honneur de ces Chevaliers était d'avoir un
grand nombre de personnes qui leur fissent la
cour, et qui les suivissent aux occasions ; et ils
ne souffraient point que leurs enfans parussent
devant eux en public qu'ils ne fussent en âge de
porter les armes. On peut en voir davantage dans
un recueil des lois d'Allemagne par Golstad, où

les anciennes coutumes des Gaulois et des Germains sont rapportées dans les propres termes de César et de Tacite, et rangées sous certains titres.

A mesure que les Romains étendirent leurs conquêtes dans les Gaules, leur langue, leurs mœurs et leurs lois s'y établirent comme dans les autres pays ; car tout l'empire romain ne faisait qu'un grand corps gouverné par un même esprit, et dont toutes les parties étaient unies par leurs besoins mutuels. Tous les gouverneurs des provinces et tous leurs officiers, jusqu'aux appariteurs, étaient Romains, sans compter le reste de leur suite toujours nombreuse, qu'ils appelaient leur cohorte ; et leurs emplois duraient si peu, que le séjour des provinces ne pouvait faire en eux de changement considérable. C'étaient des Romains et même des Chevaliers qui étaient publicains ou fermiers des revenus publics. Les soldats qui composaient les légions étaient Romains ; et outre ceux-ci que le service de l'état attirait dans les provinces, il y avait toujours un grand nombre de citoyens romains qui y demeuraient pour leurs affaires particulières, pour exercer la banque ou le commerce, pour cultiver des terres, nourrir du bétail, particulièrement dans les Colonies. Plusieurs, sans sortir de Rome ou de l'Italie, tiraient de grands revenus des provinces par le moyen de leurs esclaves.

D'autre part les habitans des Provinces venaient souvent à Rome, soit pour les affaires publiques de leur pays, en qualité de Députés, soit pour les affaires particulières, ou pour leur cour, ou par curiosité. Les plus considérables avaient droit d'hospitalité avec les citoyens les plus puissans, ou du moins étaient sous leur protection. Quelques-uns s'établissaient à Rome, devenaient Citoyens, Sénateurs et Magistrats ; jusque-là que plusieurs Empereurs étaient originaires des provinces. Enfin ils devenaient souvent Romains sans sortir de leur pays, par le droit de cité, qui s'accordait non-seulement à des particuliers, mais à des villes entières ; et depuis que l'Empereur Antonin le donna à tous les sujets de l'Empire, il y eut des Romains de toutes nations.

Il est vrai que ce grand commerce n'apporta pas un changement égal en toutes les provinces ; car les Romains faisaient grande différence entre les Grecs et tous les autres peuples qu'ils nommaient barbares. Comme ils étaient redevables aux Grecs de toute leur politesse, et tenaient d'eux les sciences et les beaux-arts, ils eurent toujours pour eux un certain respect ; et contens de leur commander, ils les laissèrent vivre suivant leurs anciennes lois. Ils apprenaient le grec, plutôt que de les obliger à parler latin : ils imitaient leurs manières ; et hors ce qui regardait le commandement ou la police générale de l'Empire, les Grecs changèrent plus les Romains que les Romains ne changèrent les Grecs. Au contraire, ils méprisaient les barbares sur lesquels ils avaient l'un et l'autre avantage de la politesse et de la force ; et ils croyaient ne leur pouvoir faire un plus grand bien que de les faire vivre à la romaine. Les barbares, de leur côté, admiraient les Romains, et s'efforçaient d'imiter leur manière de vivre, plus commode et plus magnifique que la leur ; et cette différence de mœurs partageait tout l'Empire. La Grèce et l'Orient, c'est-à-dire tout ce qui avait été sous la domination des successeurs d'Alexandre, parlait grec et gardait les mœurs des Grecs : tout le reste parlait latin, et suivait les mœurs et les lois romaines. Cette seconde partie comprenait à peu près ce qui composa depuis l'Empire d'Occident ; c'est-à-dire l'Afrique, la Mauritanie, l'Espagne, la Gaule, une partie des Isles-Britanniques, quelque peu de la Germanie, la Rhétie, la Pannonie et l'Illyrie. Tout ceci est clair à ceux qui savent l'Histoire : les autres auront peut-être quelque peine à croire qu'on parlât la même langue à

Cologne, à York, à Lyon, à Cordoue et à Carthage ; que l'on y fût gouverné par les mêmes sortes de Magistrats, et que l'on y vécut sous les mêmes lois.

Il y a des preuves particulières à la Gaule pour montrer qu'elle devint à la fin toute romaine. Le séjour des Empereurs, principalement dans le quatrième siècle, les écrits des auteurs gaulois, comme Ausone, Salvien, Sidónius ; les noms des Gaulois, entre autres des Evêques jusque vers le huitième siècle, les noms de tant de bourgs et de villages qui marquent encore les Romains qui en ont été les maîtres, comme Lagny de *Latiniacus ager*, ou *fundus* : Percy, *Patriciacus* : Savigny *Sabiniacus*, ou, selon une autre prononciation, Savignac, et ainsi des autres. Enfin la langue que nous parlons tient plus du latin sans comparaison que d'aucune autre langue, malgré le mélange des peuples du Nord, qui ont possédé la Gaule depuis les Romains.

Mais pour me renfermer dans mon sujet, on ne peut douter que le droit romain ne s'observât dans les Gaules, si l'on fait réflexion que l'un des quatre préfets du Prétoire y faisait sa résidence, et que ce magistrat était celui qui rendait la justice souverainement à la place de l'Empereur, au-dessus de tous les gouverneurs des provinces ; et si l'on observe les inscriptions de plusieurs lois du Code de Justinien, qui témoignent qu'elles ont été faites pour la Gaule ou pour les Gaulois. Ajoutez à tout cela que les Romains ont possédé la Gaule paisiblement pendant cinq siècles entiers. César acheva sa conquête environ cinquante ans avant la naissance de Jésus-Christ, et Meroué, le premier des Français qui fut puissant dans les Gaules, ne s'y établit qu'après l'an 458 de l'incarnation. Cinq cents ans suffisent pour apporter de grands changemens dans un pays, et ce qui s'y est pratiqué pendant un si long-tems ne s'abolit pas aisément. Tenons donc pour certain que quand les Francs assujétirent les Gaulois, ils les trouvèrent tous Romains, parlant latin, et vivant suivant les lois romaines.

Mais ce droit romain n'était pas celui de l'empereur Justinien, qui ne fut fait que pour les pays où il commandait, et environ cent ans après l'entrée des Francs dans les Gaules. Le droit romain, qui était alors en usage, était contenu dans les constitutions des empereurs et dans les livres des jurisconsultes. Il y avait trois Codes où les constitutions étaient recueillies : le Grégorien, l'Hermogénien et le Théodosien ; ce dernier venait d'être publié par l'empereur Théodose-le-

Jeune, l'an 435, et confirmait les deux précédens. On y ajouta dans la suite les Novelles du
même Théodose et des Empereurs suivans. Les
livres des jurisconsultes étaient ceux qui sont
autorisés par le Code théodosien, savoir ceux
de Papinien, de Paul, de Caïus, d'Ulpien, de
Modestin et des autres dont ils allèguent les autorités, qui sont Scévola, Sabin, Julien et Mar-
cel. Cette restriction fait voir que les livres des
autres jurisconsultes, dont nous voyons des fragmens dans le Digeste, n'étaient alors d'aucune
autorité, ou n'étaient pas connus en Occident.
J'estime aussi que les textes de l'édit perpétuel
des lois, des plébiscites, des sénatus-consultes,
et surtout de la loi des Douze-Tables, étaient très-
rares dès lors, ou tout-à-fait perdus, puisque
Justinien, voulant ensuite faire un corps parfait
de tout le droit, ne l'a composé que des constitutions des Empereurs et des traités des jurisconsultes. La même chose se prouve par la confé-
rence des lois mosaïques avec les romaines, que
l'on croit aussi être du tems de Théodose-le-
Jeune, puisqu'elle ne contient que des passages
des jurisconsultes et des constitutions tirées des
trois Codes, et même très-peu de celui de Théodose, qui peut-être n'était pas encore publié.

La plus considérable partie de ce droit était

donc le Code théodosien ; ce fut le livre qui se conserva le plus long-tems après la ruine de l'empire d'Occident ; et plusieurs croient que c'était ce qu'ils appelaient simplement la loi romaine. En effet, Grégoire de Tours, parlant d'un certain Andarchius, qui était au service de Sigebert, fils de Clotaire I, dit qu'il était très-savant dans le livre de la loi théodosienne.

Les Francs et les autres barbares conquérans apportèrent un nouveau droit dans les Gaules ; mais comme ils n'avaient aucun usage des lettres en leur langue, leurs lois n'ont été écrites qu'en latin par des Romains après leur établissement et leur conversion à la religion chrétienne. Dans les premiers tems de leurs incursions, ils n'avaient que des coutumes qu'ils observaient dans les jugemens comme ils les avaient reçues de leurs pères ; et leur manière de vivre ne leur donnant pas grande matière de procès, ne leur permettait pas aussi d'y observer beaucoup de formalités. Tous ces peuples venaient de Germanie ; et Tacite nous apprend, dans un traité fait exprès, quelles étaient les mœurs des Germains. La guerre et la chasse faisaient leur occupation ; ils n'avaient ni habitations fixes, ni d'autres biens que des bestiaux ; ainsi leurs différens ordinaires n'étaient que pour des querelles ou pour des larcins, et on les décidait dans des assemblées publiques, ou sur les dépositions des témoins produits sur-le-champ, ou par le duel, ou par les épreuves de l'eau et du feu. Les Romains, quoique soumis à ces barbares par la force des armes, ne les imitaient en rien, et en avaient horreur du commencement : c'était comme à notre égard des Cosaques et des Tartares. D'ailleurs les barbares ne faisaient pas leurs conquêtes pour acquérir de la gloire, mais pour butiner, et pour subsister plus commodément que chez eux : se contentant d'être les maîtres, ils laissaient vivre les Romains comme auparavant. Au contraire, ils imitaient les mœurs romaines, que leurs pères admiraient depuis long-tems. Ainsi nos premiers rois gardèrent les noms des officiers romains, et appelèrent comme eux les gouverneurs de leurs provinces, Ducs, Comtes, Vicaires ; et ceux qui servaient auprès de leurs personnes, Chanceliers, Référendaires, Cubiculaires, Domestiques, et en général Palatins. Eux-mêmes tenaient à honneur les dignités de Consuls et de Patrices, et les noms de glorieux et d'illustres, qui n'étaient chez les Romains que des titres dont on honorait certains magistrats ; encore n'était-ce pas les plus magnifiques. Leur monnaie consistait en mêmes es-

pèces que la romaine, c'est-à-dire, des sous d'or
et des deniers d'argent, et les rois y étaient re-
présentés à peu près comme les empereurs. Enfin l'esprit et la politesse des peuples vaincus les
rendait maîtres de leurs vainqueurs, en tout ce
qui demandait quelque connaissance des lettres
et des arts.

Cette dépendance augmenta par la conversion
des barbares à la foi chrétienne. Ils révérèrent
comme des personnes sacrées les évêques et les
prêtres, qu'ils admiraient déjà comme des savans,
et les Romains commencèrent à ne les plus trouver si barbares et à leur obéir plus volontiers.
C'était néanmoins encore deux peuples différens
de langue, d'habits, de coutumes ; et leur distinction semble avoir duré en France pendant
les deux premières races de nos rois. Elle se conserva particulièrement dans les lois ; et comme
on était obligé de rendre justice à chacun selon
la loi sous laquelle il était né ou qu'il avait choi-
sie (car ce choix était permis), on jugea à propos de rédiger par écrit les lois, ou pour mieux
dire, les coutumes des barbares.

Nous les avons encore sous le titre de Code
des lois antiques, recueillies en un seul volume,
qui comprend les lois des Visigoths, un édit de
Théodoric, roi d'Italie, les lois des Bourgui-

gnons, la loi salique et celle des Ripuariens,
qui sont proprement les lois des Francs, la loi
des Allemands, c'est-à-dire, des peuples d'Al-
sace et du haut Palatinat; les lois des Bavarois,
des Saxons, des Anglais et des Frisons; la loi
des Lombards, beaucoup plus considérable que
les précédentes, les Capitulaires de Charlemagne, et les Constitutions des rois de Naples et
de Sicile. Sans examiner chacune de ces lois en
particulier, je parlerai seulement de celles qui
ont le plus de rapport à la France. Après avoir
observé qu'il n'y en a aucune dont on ne puisse
tirer de grandes lumières pour l'histoire ou pour
la jurisprudence, et que celles qui ont été faites
pour les peuples les plus éloignés de nous ne
laissent pas de nous pouvoir être utiles, plusieurs ayant été rédigées de l'autorité des princes
français. Joint que tous ces peuples du Nord
venant de même origine, et ayant ensemble un
commerce continuel, gardaient une grande con-
formité dans leurs mœurs. Je parlerai de ces lois
suivant le tems où elles ont été écrites, qui a
suivi à proportion l'ordre des conquêtes et de
l'établissement des nations.

Les plus anciennes sont les lois des Visigoths,
qui occupaient l'Espagne, et, dans les Gaules, une
grande partie de l'Aquitaine. Comme ce royaume

fut le premier qui s'établit, aussi ses lois paraissent avoir été écrites les premières. Elles furent
premièrement rédigées sous Évarix, qui commença à régner en 466 ; et comme elles n'étaient
que pour les Goths, son fils Alaric fit faire pour
les Romains un abrégé du Code Théodosien par
Anien son chancelier, qui le publia en la ville
d'Aire en Gascogne. Anien y ajouta quelques
interprétations, comme une espèce de glose ; du
moins il souscrivit pour leur donner autorité,
car on n'est pas assuré qu'il les ait composées
lui-même. Ce qui est certain, c'est que cet
abrégé fut autorisé du consentement des évêques
et des nobles en 506, et que l'on y avait voulu
comprendre tout le droit romain qui était alors
en usage, que l'on tirait, comme il a été remarqué, tant des trois Codes que des livres de jurisconsultes.

On fit dans la suite un autre extrait de ce
Code, qui ne contenait que les interprétations
d'Anien, et qu'ils appelaient *Scintilla*.

La loi gothique ayant été augmentée par les
rois suivans, à la fin, quand on crut y avoir assez ajouté pour y trouver la décision de toutes
sortes de différens, l'on en fit un corps divisé
en XII livres, pour imiter, disent quelques-uns,
le Code Justinien, quoiqu'il n'y ait aucun rap-

port dans l'ordre des matières. On ordonna que ce recueil serait l'unique loi de tous ceux qui étaient sujets des rois goths, de quelque nation qu'ils fussent; et, par ce moyen, on abolit en Espagne la loi romaine, ou plutôt on la mêla avec la gothique; car on en tira la plus grande partie de ce qui fut ajouté aux anciennes lois. Ce recueil s'appelait le livre de loi gothique; et le roi Egica, qui régna jusqu'en 701, c'est-à-dire douze ans avant l'entrée des Mores en Espagne, le fit confirmer par les évêques au seizième concile de Tolède, l'an 693. On y voit les noms de plusieurs rois; mais tous sont depuis Récarède, qui fut le premier entre les rois goths catholiques. Les lois précédentes sont intitulées antiques, sans qu'on y ait mis aucun nom de rois, pas même celui d'Evarix, et peut-être a-t-on supprimé ces noms en haine de l'arianisme. Ces lois antiques, prises séparément, ont grand rapport avec celles des autres barbares; ainsi elles comprennent toutes les coutumes des Goths que le roi Evarix avait fait écrire. Mais à prendre la loi gothique entière, c'est sans doute la plus belle comme la plus ample de toutes celles des barbares, et l'on y trouve l'ordre judiciaire qui s'observait du tems de Justinien, bien mieux que dans les livres de Justinien même. C'est le fond du droit d'Espagne, et elle s'est conservée en Languedoc long-tems après que les Goths ont cessé d'y commander, comme il paraît par le second concile de Troyes, tenu par le pape Jean VIII en 878.

La loi des Bourguignons fut réformée par Gondebaud, l'un de leurs derniers Rois, qui la publia à Lyon le 29 de mars de la seconde année de son règne, c'est-à-dire, en 501. C'est du nom de ce roi que ces lois furent depuis nommées Gombettes, et toutefois il n'en était point le premier auteur. Il le reconnaît lui-même, et Grégoire de Tours le témoigne, lorsqu'il dit que Gondebaud donna aux Bourguignons des lois plus douces pour les empêcher de maltraiter les Romains. Il y a quelques additions qui vont jusqu'en l'an 520 ou environ, c'est-à-dire, dix ou douze ans avant la ruine du royaume des Bourguignons. Cette loi fait mention de la romaine, et l'on y voit clairement que le nom de barbare n'était point une injure, puisque les Bourguignons même pour qui elle est faite, y sont nommés barbares, pour les distinguer des Romains. Au reste, comme ce qui obéissait aux Bonrguignons est environ le quart de notre France, on ne peut douter que cette loi ne soit entrée dans la composition du droit français.

Quant à la loi salique, qui fut la loi particulière des Francs, sa préface porte qu'elle avait
été écrite avant qu'ils eussent passé le Rhin, et
marque les lieux des assemblées avec les noms
des quatre Sages qui en furent les auteurs. Mais
cette histoire est suspecte ; et je crois qu'il est
plus sûr de s'arrêter à l'édition que nous en avons,
sans trop rechercher si c'est la première rédaction ou une réformation. Elle fut faite de l'autorité des rois Childebert et Clotaire, enfans
de Clovis ; et il est dit expressément que l'on y
abolit tout ce qui ressentait le paganisme dans
les anciennes coutumes des Francs.

Nous avons deux exemplaires de cette loi
conformes dans le sens, et assez différens quant
aux paroles. Le plus ancien, qui a été imprimé le
premier, contient en la plupart de ses articles
des mots barbares, qui signifient les lieux dans
lesquels chaque décision avait été prononcée, ou
la somme des amendes taxées pour chaque cas.
C'est ainsi que l'explique Vandelin, official de
Tournai, dans le traité particulier qu'il a fait de
la loi salique. L'autre exemplaire est l'édition
de Charlemagne, et c'est celui qui contient le
code des lois antiques. A la fin de ce dernier,
sont quelques additions sous le nom de décret
des mêmes rois Childebert et Clotaire, qui sont

les résultats des assemblées solennelles du premier jour de mars.

La loi des Riquaires n'est quasi qu'une répétition de la loi salique : aussi l'une et l'autre étaient pour les Francs ; et l'on croit que la loi salique était pour ceux qui habitaient entre la Loire et la Meuse, et l'autre pour ceux qui habitaient entre la Meuse et le Rhin. Le roi Théodoric étant à Châlons-sur-Marne, avait fait rédiger la loi des Ripuariens avec celle des Allemands et des Bavarois, tous peuples de son obéissance. Il y avait fait plusieurs corrections, principalement de ce qui n'était pas conforme au christianisme. Childebert, et ensuite Clotaire second l'avaient corrigée ; enfin Dagobert les renouvela et les mit en leur perfection, par le travail de quatre personnes illustres, Claude, Chaude, Indomagne et Agilulfe ; et c'est ainsi que nous les avons.

Voilà quelles sont les lois barbares qui se rapportent proprement à notre France. Il est bon maintenant de donner une idée générale de leur matière et de leur style, pour connaître à quoi elles nous peuvent servir. Le nom de lois ne doit pas nous imposer, et nous faire croire que celles-ci soient l'ouvrage d'une prudence consommée comme celles d'Athènes ou de Lacé-

démone. Ce ne sont, à proprement parler, que
des coutumes écrites ; c'est-à-dire, un recueil de
ce que ces peuples avaient accoutumé de suivre
dans le jugement de leurs différends, composé
par ceux qui en avaient le plus d'expérience.
On le voit par l'ancien exemplaire de la loi salique, qui marque en langue barbare le nom des
lieux où de pareils jugemens avaient été rendus,
et quelquefois la qualité de l'action.

Ces lois ont néanmoins été rédigées par autorité publique, et approuvées non-seulement par
les rois, mais par les peuples, ou du moins par
les principaux, qui les acceptaient au nom de
toute la nation. Ainsi la loi salique est intitulée
le pacte ou le traité de la loi salique ; et la loi
des Bourguignons porte les souscriptions de
trente comtes qui promettent de l'observer eux
et leurs descendans.

La principale matière de ces lois sont les crimes, et encore les plus fréquens entre des peuples brutaux, comme le vol, le meurtre, les injures, en un mot tout ce qui se commet par
violence. Ce qui regarde les successions et les
contrats est traité succinctement. Dans les
lois des peuples nouvellement domptés et convertis, comme les Allemands, les Saxons, les

Bavarois, il y a des peines particulières contre les rebelles et contre les sacriléges ; par où l'on peut juger que ni les officiers publics, ni les évêques et les autres clercs n'étaient pas en grande sûreté chez ces barbares.

On voit dans ces lois la forme des jugemens : ils se rendaient dans de grandes assemblées, où toutes les personnes de distinction étaient contraintes de se trouver, sous de certaines peines , comme il paraît par la loi des Bavarois. Pour les preuves ils se servaient plus de témoins que de titres , et même dans les commencemens ils n'avaient aucun usage de l'écriture : faute de preuves ils employaient le combat , ou faisaient des épreuves par les élemens. Le combat était un duel en champ clos, qui se faisait de l'ordonnance des juges, ou par les parties même, ou par leurs champions. Les épreuves se faisaient diversement ; par l'eau bouillante, où l'accusé devait mettre le bras jusqu'à certaines mesure ; par l'eau froide, dans laquelle il était plongé , pour voir s'il irait à fond ; et quelquefois par le feu , où l'on faisait rougir un fer que l'accusé était tenu de porter avec la main nue le long d'un certain espace , ensuite de quoi on lui enveloppait la main, et on y mettait un sceau pour voir après quelques jours l'effet du feu (1).

Ces manières de juger, qui se sont conservées pendant plusieurs siècles, passaient pour si légitimes, qu'elles étaient appelées jugement de Dieu. Aussi y employait-on des cérémonies ecclésiastiques, dont on voit encore les formes, avec les exorcismes de l'eau et du feu, et les prières des messes qui se disaient à cette intention. La simplicité de ces tems là faisait croire que Dieu devait faire des miracles pour découvrir l'innocence ; et les histoires rapportent plusieurs événemens qui confirmaient cette créance. Quoi qu'il en soit, ils n'avaient rien trouvé de plus commode que cette espèce de sort pour se déterminer dans les affaires obscures où leur prudence était à bout. C'est ce que les canons appellent purgation vulgaire, toujours condamnée par l'Eglise romaine, nonobstant la force d'un usage presque universel ; et on l'appelait vulgaire pour la distinguer de la purgation canonique qui ne se faisait que par serment.

____

(1) Il y avait encore une autre sorte d'épreuve pour les gens accusés de vol ; on leur donnait un morceau de pain d'orge et de fromage de brebis, et lorsqu'ils ne pouvaient avaler ce morceau, ils étaient réputés coupables. Sur les différentes sortes d'épreuves, voyez le *Supplément de Moréry* de 1735, au mot *Epreuves.*

Les qualités des peines que prononcent les lois est remarquable. Pour la plupart des crimes elles n'ordonnent que des amendes pécuniaires, ou pour ceux qui n'avaient pas de quoi payer, des coups de fouet, et il n'y en a presque point qui soient punis de mort, sinon les crimes d'état. Ces peines sont nommées composition, comme n'étant qu'une taxe de dommages et intérêts faite avec une exactitude surprenante. Il y en a 164 articles dans la seule loi des Frisons, qui d'ailleurs est des plus courtes. C'est proprement un tarif de blessures, avec l'énumération de toutes les parties du corps humain, et même de celles que l'on eût dû se dispenser de nommer ; de toutes les manières dont chaque partie peut être offensée, et les mesures de chaque plaie. Par exemple, on taxe en autant d'articles différens une main coupée, quatre doigts, trois doigts, un doigt, et on distingue si c'est le pouce, l'index, et ainsi des autres, même en chaque doigt on distingue les jointures. On observe si la partie a été tout-à-fait coupée, ou si elle tient encore ; et si c'est seulement une plaie, on en exprime la longueur, la largeur et la profondeur. On taxe en particulier le coup qui a fait tomber un os de la tête ; mais cet os n'était pas une petite esquille du crâne, il fallait qu'il pût faire sonner un bouclier, dans lequel il serait jeté au travers d'un chemin de douze pas. Les injures de paroles sont taxées avec la même exactitude, et l'on y peut voir celles qui passaient alors pour offensantes.

On ne s'aviserait point aujourd'hui d'exprimer certaines actions marquées en particulier dans ces lois. Il est parlé de celui qui empêche un autre de passer dans un chemin ; de celui qui dépouille une femme pour lui faire injure ; de celui qui déterre un mort pour le dépouiller ; de celui qui écorche un cheval. Enfin il y a des titres particuliers pour les larcins de toutes sortes de bêtes, jusqu'aux chiens, dont on distingue les différentes espèces. Ce détail, qui peut sembler bas, n'est pas inutile pour donner quelqu'idée de ces lois et des mœurs des peuples pour qui elles ont été faites.

Elles sont écrites d'un style si simple et si court, qu'il serait fort clair, si tous les termes étaient latins : mais elles sont remplies de mots barbares, soit faute de mots latins qui fussent propres, soit pour leur servir de glose. Ce qui montre encore ce que j'ai dit, que ces peuples n'écrivaient point en leur langue, car il eût été bien plus commode d'écrire ces lois en Allemand que de les écrire en latin rempli de mots Allemands. Il paraît toutefois que l'on écrivit en langue tudesque un siècle ou deux après la rédaction de ces lois ; car sans parler de l'ancienne version de l'Evangile dont on voit des fragmens dans les inscriptions de Gruter, nous avons les lois des anciens Anglais-Saxons, écrites en leur langue vulgaire depuis le roi Ina qui commença à régner en 712, jusqu'à Canut le Danois, dont le règne finit en 1035. Ces lois, pour en dire un mot en passant, ont beaucoup de rapport avec les autres lois des barbares, et sont aussi faites dans les assemblées d'évêques et d'anciens. Les lois gotiques sont écrites d'un style plus latin que toutes les autres, mais suivant la manière du tems, c'est-à-dire, qu'il y a moins de mots barbares, mais plus de phrases et de paroles superflues.

Ainsi l'on peut voir quel droit s'observait en France sous les Rois de la première race. Les maîtres, c'est-à-dire les Francs, observaient la loi Salique ; les Bourguignons la loi Gombette ; les Goths restés en grand nombre dans les Provinces d'outre la Loire suivaient la loi Gothique, et tous les autres la loi Romaine. Les Ecclésiastiques la suivaient tous, de quelque nation qu'ils fussent. Il est vrai qu'il y en avait peu qui ne fussent Romains ; et quand ils auraient été d'une autre nation, ils avaient toujours un grand intérêt de conserver la loi romaine, à cause des immunités et des priviléges qui leur étaient accordés par les constitutions des Empereurs. De plus, ils suivaient le droit canonique, c'est-à-dire, les règles des conciles, comprises dans l'ancien Code des canons de l'Eglise universelle, et quelques décisions des papes qui étaient souvent consultés par les évêques. Les barbares, même les Francs, étaient obligés en plusieurs rencontres d'avoir recours aux lois romaines, parce que leurs lois particulières contenaient peu de matières. Aussi Agathias témoigne que les Francs suivaient les lois romaines dans les contrats et dans les mariages. Et Aimoin rapporte que du tems du roi Dagobert, les enfans de Sadregisile, duc d'Aquitaine, pour n'avoir pas vengé la mort de leur père, furent privés de sa succession, conformément aux lois romaines. Il est même à croire que ceux qui dressaient les actes publics, et qui écrivaient les lettres, étant tous clercs ou moines, comme Marculphe, dont nous avons les formules, les faisaient autant qu'ils pouvaient conformes à leur loi et à leur style. La loi romaine était donc universellement observée en France sous les rois de la première race, *et* on y dérogeait seulement à l'égard des barbares dans les cas où leurs lois ordon-

naient nommément quelque chose qui n'y était
pas conforme.

Dans l'histoire de M. de Cordemoi, à la fin du
règne de Dagobert, il y a un abrégé de ces lois
mises dans leur plus beau jour, avec un plan de
l'état des Français sous les Rois de la première
race, de leur manière de rendre la justice, de leur
gouvernement.

Charlemagne ayant réuni sous son empire toutes
les conquêtes des Francs, des Bourguignons,
des Goths et des Lombards, laissa vivre chaque
peuple selon ses lois, et les fit toutes renou-
veler, par le soin qu'il prit de rétablir l'ordre en
toutes choses : peut-être même lui avons-nous
l'obligation des exemplaires de ces lois qui sont
venus jusqu'à nous. En 788, il fit écrire le
Code théodosien, suivant l'édition d'Alaric, roi
des Visigoths, dont il a été parlé ; et c'est de
cette édition d'Alaric et de Charlemagne, que
nous avons tout le Code théodosien, ou plutôt
l'abrégé de tout ce qu'il contenait, car nous n'en
avons que la moitié, suivant l'édition de Théodose même, qui était beaucoup plus ample.
En 798, Charlemagne fit écrire la loi Salique
et y ajouta plusieurs articles. En 803, Louis-le-
Débonnaire y fit aussi quelques additions : ainsi
on suivit sous la seconde race le même droit

que sous la première race ; on y ajouta seulement les Capitulaires, qui étaient des lois générales, et qui méritent d'être examinées.

Les rois de la première race tenaient tous les ans, le premier jour de mars, une grande assemblée, où se traitaient toutes les affaires publiques, et où le Prince et ses sujets se faisaient réciproquement des présens On l'appelait Champ-de-Mars, nom déjà usité sous les Empereurs romains pour marquer une assemblée militaire. Les Francs tenaient leur assemblée en pleine campagne, faute de bâtimens assez spacieux, ou plutôt parce que les Germains en avaient toujours usé ainsi dans leur pays, où ils n'avaient d'autres logemens que des cavernes ou des cabanes dispersées. C'était apparemment cette manière de tenir les assemblées qui en avait déterminé le tems à la sortie de l'hiver qui avait tenu chacun renfermé chez soi ; et avant l'été, qu'il fallait avoir tout entier pour exécuter les résolutions : car la guerre était le principal sujet de leurs délibérations. Ce Champ-de-Mars, sous les rois fainéans, devint une simple cérémonie, et Pepin en changea le jour au premier de mai. Depuis, le jour fut incertain, quoique l'assemblée se tînt régulièrement chaque année.

Elle était composée de toutes les personnes

considérables de l'un et de l'autre état, ecclésiastique et laïque; c'est-à-dire, des évêques,
des abbés et des comtes : je crois même que tous
ceux qui étaient Francs avaient droit de s'y trouver. Le roi proposait les matières, et décidait
après la délibération libre de l'assemblée. Le résultat de chaque assemblée était rédigé par
écrit, et l'on obligeait chaque évêque et chaque
comte d'en prendre copie par les mains du chancelier, pour les envoyer ensuite aux officiers de
leur dépendance, afin qu'elles pussent venir à la
connaissance de tous. Comme les propositions
et les décisions étaient rédigées succinctement et
par articles, on les appelait chapitres, et le recueil
de plusieurs chapitres s'appelait capitulaire. On
peut voir sur ce sujet la préface de M. Baluze.

Il semble que les Capitulaires doivent être dis-
tingués selon leur matière ; ceux qui traitent des
matières ecclésiastiques, qui sont en très-grand
nombre, sont des véritables canons, puisque ce
sont des règles établies par des évêques légitimement assemblés : aussi la plupart de ces assemblées sont mises au rang des conciles. Les
Capitulaires qui traitent de matières séculières,
mais générales, sont de véritables lois, et ceux
qui ne regardent que de certaines personnes,
ou de certaines occasions, ne doivent être con-

sidérés que comme des réglemens particuliers.

Il nous reste un grand nombre de Capitulaires des deux premières races, depuis Childebert, fils de Clovis, jusqu'à Charles-le-Simple. La plupart sont de Charlemagne et de Louis-le-Débonnaire ; et jusqu'ici nous n'avions ceux de ces deux empereurs que dans la compilation qui en fut faite par l'abbé Ansgise et par le diacre Benoît ; mais nous avons à présent les Capitulaires entiers, comme ils ont été dressés en chaque assemblée et selon l'ordre des tems. C'est ainsi que nous les a donnés M. Baluze dans l'édition qu'il en a faite en 1677, avec une ample préface et des notes pleines d'une grande érudition. Il a mis en son ordre, c'est-à-dire, après les Capitulaires de Louis-le-Débonnaire, la compilation d'Ans-- gise et de Benoît. Elle est divisée en sept livres : les quatre premiers furent composés par l'abbé Ansgise en 827, afin, dit-il, de conserver les Capitulaires plus aisément que dans les cahiers séparés. Il mit dans les deux premiers livres ceux de Charlemagne : dans le premier, les matières ecclésiastiques ; dans le second, les matières sé- culières. Dans les deux autres livres, les Capi- tulaires de Louis-le-Débonnaire, et de son fils Lothaire, savoir, dans le troisième, ceux des matières ecclésiastiques, et dans le quatrième, ceux des matières séculières. Les trois autres livres ont été compilés par Benoît, diacre de l'église de Mayence, vers l'an 845, et contiennent d'autres Capitulaires des mêmes princes que l'abbé Ansgise avait omis, ou à dessein, ou faute de les avoir connus, et que Benoît avait retrouvés en divers lieux, particulièrement dans les archives de l'église de Mayence. On accuse avec raison le diacre Benoît, ou ceux dont il a compilé les mémoires, de n'avoir point assez choisi ce qu'ils ont inféré aux Capitulaires. Au commencement du sixième livre de la collection, on voit 53 articles tirés des lois mosaïques, dont plusieurs assurément ne convenaient ni au pays ni au siècle de Charlemagne. Ensuite de ces sept livres, il y a quelques Capitulaires de Louis-le-Débonnaire suivant les matières ecclésiastiques, retrouvés après la collection de Benoît, et distribués en quatre additions, dont la première ne concerne que la discipline monastique.

L'autorité des Capitulaires ne pouvait manquer d'être grande, puisque le roi les faisait par le conseil des principaux de ses sujets, du consentement de tous. Ils furent donc observés par tout l'empire français, c'est-à-dire, quasi par toute l'Europe, principalement pendant le règne de Charlemagne, de Louis-le-Débonnaire et de ses enfans. Outre le soin que l'on prenait de les faire connaître à tous les peuples, une des principales charges des intendans ou envoyés du prince, était de les faire exécuter dans les provinces de leurs départemens. Long-tems après, les Capitulaires étaient encore considérés comme des lois, ainsi qu'il paraît par les épîtres d'Ives de Chartres, par les décrétales d'Innocent III, et par le décret de Gratien, où il y en a grand nombre d'insérés. Tel était donc le droit de la France sous la seconde race de nos rois ; on y observait les Capitulaires, la loi salique et les autres lois de chaque nation, mais surtout la loi romaine.

On voit le soin que les rois eurent de la conserver par un article des Capitulaires de Charles-le-Chauve, où, après avoir établi une peine contre ceux qui usent de fausses mesures, il ordonne que dans les pays sujets à la loi romaine, les coupables seraient punis suivant cette loi ; ajoutant que ni lui ni ses prédécesseurs n'ont jamais prétendu rien ordonner qui y fût contraire ; ce qu'il répète souvent dans le même édit. De plus, la loi romaine n'était pas moins nécessaire en ce tems-là pour ceux qui n'étaient point Romains que sous la première race. Les Capitulaires, qui étaient les seules lois nouvelles, contiennent peu de choses qui puissent fournir des principes de jurisprudence. Une grande partie ne regarde que la discipline ecclésiastique, et l'on y a transcrit beaucoup de canons des anciens conciles. Ceux qui traitent des choses temporelles ne regardent souvent que des affaires particulières ; il y en a même qui visiblement ne sont que des instructions pour les commissaires envoyés dans les provinces : le peu qui reste d'articles généraux sont des lois fort imparfaites. Ce sont plutôt des exhortations à la vertu que des lois pénales ; et comme on sait que les ecclésiastiques en étaient les principaux auteurs, on pourrait les soupçonner de n'avoir pas assez distingué le style des lois, qui commandent et qui se font exécuter par la force, d'avec le style des avis charitables et des préceptes de morale : il fallait donc toujours avoir recours aux lois romaines pour les questions de droit, particulièrement dans les matières des contrats et de l'état des personnes ; car les serfs étaient un des plus fréquens sujets des différends. Voici un exemple mémorable du droit qui s'observait en France sous la seconde race. Adrevalde, moine de St.-Benoît-sur-Loire, qui vivait du tems de Charles-le-Chauve, dit qu'il y eut un différend entre l'avoué de Saint-Benoît et celui de St.-Denis touchant quelques serfs : pour le terminer l'on tint des plaids où se trouvèrent plusieurs juges et docteurs ès-lois, et de la part du roi un évêque et un comte; mais l'on ne put rien conclure en la première assemblée, parce que les juges de la loi salique n'entendaient rien à régler les biens ecclésiastiques qui se gouvernaient par la loi romaine. Les envoyés du roi assignèrent une autre assemblée à Orléans, où l'on fit venir, outre les juges, des docteurs ès-lois, tant de la province d'Orléans que de celle du Gatinois; et après tout cela peu s'en fallût que le différend ne se terminât par un duel entre les témoins. On voit ici que la loi romaine et la loi salique étaient en vigueur, et que chacune avait ses juges différens; que l'église suivait la loi romaine; qu'il y avait des personnes qui faisaient profession de l'enseigner, et qu'il y en avait dès lors à Orléans; que les envoyés du prince présidaient à ces jugemens, et que l'on ordonnait quelquefois le combat entre les témoins. Tout ce que j'ai expliqué jusqu'ici est ce que j'appelle l'ancien droit français.

Pour entendre comment s'est formé le droit nouveau, il faut voir comment l'ancien se réduisit en coutumes, et comment l'étude du droit romain se rétablit. L'origine des coutumes est

toujours obscure, puisqu'elles ne sont différentes des lois que parce qu'elles s'observent
sans être écrites : en sorte que, s'il arrive que l'on
les écrive, ce n'est qu'après qu'elles sont établies
par un long usage. Mais l'origine de nos coutumes a une obscurité particulière, en ce qu'elles
se sont formées pendant le dixième et l'onzième
siècles, qui est le tems le plus ténébreux de notre
histoire. Voici ce que j'en puis deviner.

Sur la fin de la seconde race de nos rois, et
vers le commencement de la troisième, l'Italie
et les Gaules étaient tombées en une anarchie et
une confusion universelles ; ce désordre commença par la division des enfans de Louis-le-Débonnaire, et s'accrut considérablement par les ra-
vages des Hongrois et des Normands, qui ache-
vèrent d'y éteindre le peu qui restait de l'esprit
et des manières romaines. Mais le mal vint au
dernier excès par les guerres particulieres, très-
fréquentes alors, non-seulement entre les ducs
et les comtes, mais généralement entre tous ceux
qui avaient une maison forte pour retraite ; car
tout le monde portait les armes, sans excepter
les évêques avec leurs clercs, et les abbés avec
leurs moines, et il ne leur restait plus d'autre
moyen de se garantir du pillage, après avoir em-
ployé en vain pendant long-tems les prières et

les censures ecclésiastiques. Ces petites guerres étaient conformes aux anciennes mœurs barbares, et on en voit des causes dans leurs lois. Outre le duel, qui était un des moyens ordinaires de décider les causes obscures, ils avaient le droit appelé *Faide*, par lequel était permis aux parens de celui qui avait été assassiné de tuer le meurtrier, quelque part qu'ils le rencontrassent, excepté en certains lieux, comme à l'église, au palais du prince, en l'assemblée publique, à l'armée, et lorsqu'il était en chemin pour y aller; car en ces rencontres, celui qui était sujet à cette vengeance était en paix. Ainsi une seule mort, même d'accident, en produisait d'ordinaire plusieurs autres. C'est apparemment à cause de ce droit que les lois n'ordonnaient point de peine de mort contre les meurtriers, mais seulement des peines pécuniaires, ou plutôt des estimations de dommages et intérêts : aussi les nomment-elles compositions. Il était au choix des parens de venger la mort ou de se contenter de cet intérêt civil. Quoi qu'il en soit, les petites guerres étaient établies universellement en France pendant le dixième siècle.

Comme il est difficile de ramener à la raison des esprits une fois effarouchés, tout ce que purent faire d'abord les ecclésiastiques les plus

13*

zélés et les princes les plus religieux, fut d'obtenir une cessation d'armes limitée à certains jours, c'est-à-dire, depuis le soir du mercredi de chaque semaine jusqu'au lundi matin. Pendant ces jours, tous actes d'hostilité étaient défendus à l'égard de tout le monde ; d'ailleurs il y avait certaines personnes qu'il n'était jamais permis de maltraiter, savoir les clercs, les pèlerins et les laboureurs, tout cela sous peine d'excommunication. C'est ce que l'on appela la trève de Dieu, qui fut depuis confirmée et étendue.

On peut croire que, pendant ces désordres, l'ignorance et l'injustice abolirent insensiblement les anciennes lois, et qu'à force d'être méprisées elles demeurèrent inconnues. Ainsi, les Français retombèrent dans un état approchant de celui des barbares qui n'ont point encore de lois ni de police. Encore étaient-ils plus misérables, en ce qu'il leur restait assez de connaissance des arts pour forger des armes et former des forteresses ; de sorte qu'ils avaient plusieurs moyens de se nuire que les sauvages n'ont pas. Ils n'étaient pas ignorans pour le mal comme pour le bien ; la tradition de tous les crimes s'était conservée, et ils avaient la férocité de leurs pères, sans en garder la simplicité et l'innocence.

De là viennent nos vieilles fables de ces fe-
lons qui insultaient aux faibles, qui fermaient
les passages et empêchaient le commerce, et de
ces preux qui erraient par le monde pour la sûreté publique et pour la défense des dames.
Les auteurs de ces tems n'étaient pas fort inven-
tifs; ils copiaient les mœurs de leurs tems, y
ajoutant seulement pour le merveilleux les géans,
les enchanteurs et les fées.

Malgré cette confusion, il restait quelque forme
de justice, et les différends ne se terminaient
pas toujours par la force. Il y avait différens
juges pour les roturiers et pour les nobles. Je
me sers de ces noms, dont l'usage est plus nouveau, parce que la distinction qu'ils marquent
subsistait dès lors, et je nomme roturiers, les
paysans, les artisans et les autres personnes
franches ou serves qui composaient le menu peuple. Ils étaient jugés par l'autorité des nobles,
c'est-à-dire, par les chevaliers et autres personnes
puissantes, qui commencèrent lors à s'ériger en
seigneurs, et à s'attribuer en propriété la puissance publique, dont auparavant ils n'avaient au
plus que l'exercice. Car tant que l'autorité royale
fut en vigueur, principalement sous la famille
de Charlemagne, il n'y avait point d'autre seigneur que le roi; la justice ne se rendait publi-

quement qu'en son nom et par ceux à qui il en donnait le pouvoir. Mais dans les tems de désordres, chacun se mit en possession de juger, aussi-bien que de faire la guerre et de lever des deniers sur le peuple. Le principal fondement de cette entreprise fut apparemment la puissance domestique : car toute la France était encore pleine de serfs qui étaient comptés entre les biens, comme faisant partie des héritages, et il fut facile de changer à leur égard l'autorité privée en juridiction. Je crois que l'on confondit avec les serfs quantité de personnes franches, soit qu'ils y consentissent pour être protégés dans ces tems d'hostilité universelle, soit par pure force. Car il est souvent parlé dans les Capitulaires de l'oppression des personnes libres et pauvres. Les premiers qui donnèrent l'exemple de cette usurpation furent peut-être les comtes, c'est-à-dire, les gouverneurs des bonnes villes, qui avaient déjà, par le droit de leurs charges, l'exercice de juridiction.

Ces seigneurs, de quelque manière qu'eût commencé leur pouvoir, rendaient la justice en personne ou par des officiers pris entre leurs domestiques. Le sénéchal était le maître d'hôtel; les baillifs et les prévôts étaient des intendans ou des receveurs, et les sergens étaient simples

valets. Même en remontant plus haut, on trouve
que le sénéchal et les autres étaient non-seulement des domestiques ; mais des esclaves, puisque la loi salique nomme entre les serfs estima-
bles à prix d'argent, le maire, l'échanson et le
maréchal ; et la loi des Allemands nomme le sénéchal, et le maréchal. Ces noms ne furent attribués à des officiers publics que sous la troisième race. Cette justice était souveraine et
se rendait sommairement. Les peines des crimes étaient cruelles ; il était ordinaire de crêver
les yeux, de couper un pied ou une main,
d'où vient que les actes de ce tems là font si souvent mention de mutilation de membre. Il semble même que ces peines étaient arbitraires.

Ces seigneurs, qui jugeaient ainsi les roturiers,
étaient jugés par d'autres seigneurs. Un simple
chevalier, par exemple, ou un châtelain, était
soumis à la juridiction du comte dont il était
vassal, et le comte, pour le juger, était obligé
d'assembler les pairs de sa cour, c'est-à-dire,
les autres chevaliers ses vassaux, égaux entre eux
et de même rang que celui qu'il fallait juger. Le
comte était lui-même un des pairs de la cour de
son seigneur, qui était un comte plus puissant,
un duc ou un marquis, et cette subordination
remontait jusqu'au prince souverain. Car le roi

avait aussi sa cour composée des pairs de France
ses premiers vassaux.

Mais cet ordre ne s'observait pas toujours.
Souvent les nobles, qui se sentaient forts, n'o-
béissaient point à leurs seigneurs, qui étaient
réduits à se faire justice par les armes. Le roi
lui-même était obligé de faire la guerre non-seulement à des pairs de France, mais à des seigneurs beaucoup moindres. L'abbé Suger nous
apprend que le roi Louis-le-Gros fit marcher ses
troupes contre Bouchard de Montmorenci pour
défendre l'abbé de St-Denis; qu'il assiégea Gour-
nai et le prit par force ; qu'il défit le seigneur
de Puiset en Beausse, et qu'il se délivra enfin du
seigneur de Montlhéri, qui avait fatigué le roi
Philippe Ier son père pendant tout son règne,
jusqu'à lui empêcher la communication de Paris
et d'Orléans.

Souvent aussi les différends des seigneurs se
terminaient en des assemblées d'arbitres choisis
de part et d'autre, principalement quand ils
avaient affaire avec une église. Dans les auteurs
du tems, comme Fulbert et Ives de Chartres,
il est souvent fait mention de ces conférences.
Il semble qu'au commencement, avant que la subordination des seigneurs fût établie, ils se con-
sidéraient tous comme des souverains, dont les

querelles ne peuvent finir que par une victoire ou par un traité de paix. Cette manière irrégulière de rendre la justice, et l'établissement de ces nouvelles juridictions, contribuèrent beaucoup aux coutumes dont nous cherchons l'origine ; mais plusieurs autres droits qui se formèrent en même tems y concoururent.

Les fiefs, qui n'étaient auparavant que des bénéfices à vie, prirent alors une forme nouvelle, devenant perpétuels et héréditaires. On rapporte aussi avec raison à ces tems de désordres l'origine de la plupart des droits seigneuriaux, que l'on croit s'être formés par des traités particuliers, ou des usurpations.

En effet, il n'est point vraisemblable que les peuples aient accordé volontairement à des seigneurs particuliers tant de droits contraires à la liberté publique, dont la plupart des coutumes font mention, et dont plusieurs subsistent encore.

Tels sont les droits de péages, travers, rouage, barrage et tant d'autres ; comme les droits de gistes, de past, de logement et de fournitures, de corvées, de guet et de garde ; les bannalités des fours, des moulins et des pressoirs ; le ban à vin, et les autres défenses semblables. Tous ces droits sentent la servitude de ceux à qui ils ont été imposés, ou la violence de ceux qui les out établis.

Je ne dis pas qu'ils ne soient devenus légitimes par le tems et par l'approbation des souverains qui ont autorisé les coutumes ; je crois volontiers que plusieurs ont été institués justement ; par exemple, pour indemniser un seigneur de la construction d'un pont ou d'une chaussée, ou pour laisser des marques de la servitude dont il avait délivré ses sujets. Plusieurs sont les conditions de l'aliénation des héritages, comme les cens et les rentes foncières en espèces ou en argent, les champarts, les bourdelages et les autres droits pareils. Je dis seulement que ces droits n'ont eu pour la plupart que des causes particulières, comme l'on voit par la diversité de leurs noms, selon les pays, et par certains droits bizarres qui n'ont pas même de nom, et ne peuvent être venus que du caprice d'un maître. A mesure que la France s'est réunie, le tems a beaucoup emporté de ces droits irréguliers : plusieurs se sont abolis entièrement, d'autres se sont confondus avec ceux dont ils approchaient le plus ; enfin ceux qui se sont trouvés le plus universellement reçus, ont passé en droit commun.

Les droits des coutumes et des bourgeoisies

apportèrent encore un grand changement. Car ce fut vers ce même tems que les habitans des cités et des villes établirent entre eux des sociétés sous la protection de quelque seigneur pour se garantir de la tyrannie des autres, et pour être jugés par leurs pairs. Les premiers qui en usèrent ainsi furent apparemment les anciens citoyens des villes épiscopales et les autres personnes libres; mais dans la suite les habitans serfs de plusieurs bourgs et de plusieurs villages donnèrent de grosses sommes à leurs seigneurs pour acheter leur liberté, et pour avoir aussi le droit de se défendre les uns les autres avec différens priviléges.

·Dès le tems des Romains il y avait en Gaule, comme partout ailleurs, un très-grand d'esclaves. La douceur du christianisme et les mœurs des nations Germaniques, peu accoutumées à se faire servir, rendirent insensiblement leur condition beaucoup meilleure, en sorte que dans les siècles où se formèrent nos coutumes, leur servitude ne consistait plus qu'à être attachés à certaines terres, et à n'avoir pas la disposition libre de leurs biens pour faire des testamens, ni de leurs personnes pour se marier ou s'engager par des vœux. Ainsi le pouvoir des seigneurs se réduisait principalement à trois sortes de droits : poursuite, formariage et main-morte, célèbres dans les cou·

tumes. De là vient qu'on nommait souvent les serfs gens de poursuite ou de main morte, ou mortaillables, parce que les seigneurs levaient des tailles sur eux. On les appelait aussi hommes et femmes de corps, ou gens de pote, ou vilains, à cause des villes, c'est-à-dire, des villages qu'ils habitaient ; mais les affranchissemens se sont rendus si fréquens depuis le règne de saint Louis, qu'il reste peu de vestige de ces servitudes.

Une troisième cause de ce changement de notre droit, fut l'accroissement de la juridiction ecclésiastique. Sous l'empire romain les évêques terminaient souvent les différends, même entre les séculiers, qui, se confiant en leur probité et en leur prudence, les choisissaient pour arbitres. L'utilité connue de ces arbitrages les fit autoriser par une loi du Code théodosien, qui porte : Que si l'une des parties déclare se vouloir soumettre au jugement de l'évêque, l'autre est obligée de s'y soumettre aussi, en quelque état que soit la cause. Il ne faut pas douter que cette loi ne fût observée dans les Gaules, où pendant le siècle de Théodose il y eut tant d'évêques illustres en sainteté et en doctrine. Quoique l'autorité des prélats souffrît quelques traverses dans le changement des maîtres, sous les rois de la première race, ils eurent toujours un grand pouvoir, et furent respectés non-seulement par les Romains, mais encore par les barbares nouvellement convertis, qu'ils faisaient souvent trembler en les menaçant seulement de la colère de saint Martin. Sous les rois de la seconde race, nous trouvons la loi du Code théodosien autorisée solennement ; car l'empereur ayant fait l'énumération de tous les peuples qui lui étaient soumis, afin de déroger expressément à leurs lois particulières, marque précisément le lieu d'où cette constitution est tirée, ordonne qu'elle soit tenue pour loi comme les Capitulaires, même par tous ses sujets, tant clercs que laïques ; et en rapporte enfin les paroles tout au long. Elle fut donc observée tant que l'autorité royale subsista ; et les actes du tems font voir que les évêques et abbés, aussi-bien que les comtes, étaient d'ordinaire donnés pour juges, envoyés dans les provinces pour faire observer les lois, et admis aux conseils d'état.

Loin que l'affaiblissement de la monarchie diminuât l'autorité des ecclésiastiques, il l'augmenta ; car avant que le tems eût affermi les nouvelles seigneuries, pendant l'agitation qui produisit ce changement, il est à croire que les peuples obéissaient plus volontiers aux puissances ecclésiastiques qui n'avaient point changé, qu'aux puissances séculières encore incertaines, ou si nouvelles, que l'on voyait clairement l'usurpation. D'ailleurs l'ignorance des laïques était si grande, qu'ils avaient besoin des clercs dans toutes leurs affaires, non-seulement pour les discuter et les résoudre, mais pour lire leurs titres ou pour écrire leurs conventions. Enfin n'y ayant plus de justice réglée entre les seigneurs, l'entremise des évêques et des abbés était plus nécessaire qu'auparavant: c'était eux ordinairement qui faisaient la paix, et qui provoquaient et composaient ces assemblées si fréquentes. Il est vrai que sur ce fondement de l'entretien de la paix, et du peu de justice que rendaient les séculiers, les ecclésiastiques étendirent si loin leur juridiction, que les laïques s'en plaignirent et s'y opposèrent; d'où vinrent enfin ces cruelles divisions qui ont si long-tems affligé l'Allemagne et l'Italie; mais sans m'étendre sur l'histoire de la juridiction ecclésiastique, il suffit d'avoir remarqué le changement qu'elle apporta à la jurisprudence, en donnant une plus grande étendue au droit canonique, et le faisant entrer dans la composition du droit français comme une de ses plus considérables parties.

Voilà mes conjectures sur l'origine des coutumes; et pour les renfermer en peu de mots, j'estime que l'ancien droit cessa d'être étudié, et

continua toutefois d'être pratiqué, sans distinction des différentes lois, comme il n'y avait
plus de distinction entre les peuples ; qu'il reçut
un grand changement par les nouveaux droits
qui s'établirent, principalement en ce qui regardait la puissance publique, et par l'étendue de la
juridiction ecclésiastique. Ce changement s'accrut
par le tems, à cause du peu de commerce de
chaque province, et même de chaque petit pays
avec les pays voisins; car la division était telle,
que du tems du roi Robert, un abbé de Cluni, in-
vité par Bouchard, comte de Paris, à venir mettre
des moines à S. Maur-des-Fossés, regardait ce
voyage comme long et pénible; se plaignait qu'on
l'obligeât d'aller en un pays étranger et incon-
nu : ainsi les mêmes causes qui les produisirent,
les produisirent différentes en chaque pays. J'appellerai ici pays, ce qui est nommé *Pagus* dans
les actes du tems de Charlemagne et de ses successeurs, c'est-à-dire, le territoire de chaque cité
qui était le gouvernement d'un comte, et pour
l'ordinaire un diocèse. Les coutumes s'y trouvèrent différentes par la diversité qu'il y eut
dans les usurpations de la puissance publique,
dans les traités des seigneurs entre eux et avec
les communes, dans le style de chaque juridiction, dans les opinions différentes des juges. Ce

sont les conjectures de Dumoulin. La division
des pays y contribua, car ils ne dépendaient
point les uns des autres, et étaient souvent en
guerre; jusque-là que ce droit de guerre
faisait une partie de leurs coutumes, et avait ses
règles et ses maximes : c'est pourquoi la diversité
est demeurée plus grande dans les provinces qui
ont dépendu de différens souverains, comme
celles que les Anglais ont possédées, et le reste
de la France. La raison d'Etat s'y mêlait; et
chaque prince était bien aise que les mœurs de
ses sujets les éloignassent des sujets de l'autre,
afin que la réunion fût plus difficile. Dans les
pays soumis à un même souverain, la jalousie
ordinaire entre les voisins faisait que les juges
et les officiers affectaient des maximes différentes,
et laissaient cette émulation à leurs successeurs.

La France était en cet état quand on recom-
mença d'étudier le droit romain. Ce n'était pas
le Code théodosien, qui avant les désordres s'appelait la loi romaine dans les Gaules et dans
les Espagnes. Il n'était plus connu qu'à quelques
savans, et il demeura depuis entièrement dans
l'oubli jusqu'au commencement du dernier
siècle. Il fut imprimé en 1528, sur trois manuscrits trouvés en Allemagne, et cette édition est

celle de Charlemagne, c'est-à-dire, celle d'A-
laric. Depuis on a retrouvé une partie du Code,
telle que Théodose l'avait fait faire.

Le droit romain, que l'on commença d'étudier
au tems dont je parle, et que l'on étudie encore
aujourd'hui, est le droit de Justinien, qui avait
été jusque-là peu connu en Occident; car du
tems que l'empereur Justinien le fit publier, vers
l'an 530, il n'y avait en Europe que deux provinces qui lui obéissaient paisiblement, la Grèce
et la plus grande partie de ce qui dépendait du
préfet du prétoire d'Illyrie. Les Espagnes et les
Gaules étaient retranchées de l'Empire romain
depuis un siècle; la Germanie n'en avait jamais
été; et, pour l'Italie, les Goths s'y défendaient encore contre Bélisaire, et les Lombards
y entrèrent peu de tems après que les Goths en
furent chassés. Le droit de Justinien ne fut donc
observé qu'en Grèce, en Illyrie, et dans la partie
de l'Italie qui obéissait aux Romains.

C'était ce qu'on appelle aujourd'hui la Romagne, avec le reste des terres de l'Eglise, le
Royaume de Naples et de Sicile.

Il est hors de notre sujet de chercher ce que
devint ce droit en Grèce et en Orient; il suffit
de dire que, pendant trois siècles, on n'y connut
point d'autre droit; et que 350 ans après,

14

l'empereur Léon le philosophe fit faire une nouvelle compilation de tous les livres de Justinien qu'il mêla ensemble, disposant les matières dans un autre ordre, et distribuant en soixante livres tout cet ouvrage, que l'on nomme les Basiliques. Il fut composé en grec, parce que les sujets de l'empereur de Constantinople n'entendaient plus le latin, quoiqu'ils se dissent Romains, comme font leurs descendans encore aujourd'hui. C'est donc en substance le droit de Justinien qui s'y est conservé jusqu'à la ruine de cet empire.

Mais sa fortune a été bien différente en Occident. Il se conserva en Italie ; et les lois romaines que l'on y suivit depuis le tems de Justinien furent les siennes, et non pas le Code théodosien, comme en Gaule et en Espagne. Il y en a des preuves dans les épîtres de saint Grégoire, qui vivait sous Maurice et sous Phocas ; dans le deuxième concile de Troyes, tenu par Jean VIII, l'an 878, au lieu où il est parlé de la punition des sacriléges, la loi de Justinien est alléguée.

Ce droit fut altéré pendant les quatre siècles suivans, par le mélange des différentes nations qui possédèrent l'Italie. Les Lombards chassèrent les exarques de Ravenne, et furent eux-mêmes assujétis par les Francs. Après la chute de la maison de Charlemagne, l'Italie fut rava-

gée par les Hongrois, et en même tems par les Sar-
rasins qui occupèrent la Sicile et le royaume de
Naples, jusqu'à ce qu'ils en fussent chassés
par les Normands. Enfin les rois saxons ayant
été reconnus empereurs, commandèrent à la
Lombardie et à la Toscane. Après tant de changemens, il resta peu de personnes qui suivissent
la loi romaine, d'autant plus que pour le faire
il eût fallu s'avouer Romain. Or, ce nom devint
à la fin si odieux, que, selon Luitprand qui vivait au dixième siècle, qui disait un Romain,
disait un homme corrompu, sans foi, sans courage et sans honneur. Toutefois le droit de Justinien était encore reconnu en Italie dans le onzième siècle, du moins aux pays que les Grecs
avaient tenus le plus long-tems, je veux dire la
Romagne et le royaume de Naples. On le voit
par l'hérésie des incestueux, qui voulaient suivre
dans les mariages la manière de compter les
degrés de parenté que les lois ont établis pour
les successions, et qui furent condamnés par le
pape Alexandre II, l'an 1065; mais sa constitution, rapportée dans le décret de Gratien, ne
parle des lois de Justinien qu'en général, sans
nommer ni Code, ni Digeste, et ne cite qu'un
passage des Instituts.

Environ 60 ans après, un Allemand nommé

14*

Irnier ou Warnier, qui avait étudié à Constantinople, commença à enseigner publiquement les
lois de Justinien à Bologne en Lombardie ; voici
quelle en fut l'occasion. Irnier enseignait à Ravenne les arts, c'est-à-dire les humanités, quand
il s'émut une dispute entre ceux qui faisaient la
même profession, pour savoir ce que signifiait
proprement le mot d'As. Ils en cherchèrent l'ex-
plication dans les livres du droit civil, et y ayant
pris goût, ils s'appliquèrent à les étudier ; de
sorte qu'Irnier, qui était venu à Bologne sur la
dispute de l'As, commença à en faire des leçons
l'an 1128, suivant la tradition de cette école. Il
expliqua d'abord le Code, ensuite la première
partie du Digeste ; puis la dernière, qu'ils nom-
mèrent Digeste nouveau : il trouva ensuite la seconde qu'on a nommée l'Infortiat, et enfin les
Novelles. C'est ce que rapportent le cardinal
d'Ostie et Odofred, disciple d'Asou, dont le maître
Bulgare fut l'un des quatre principaux disciples
d'Irnier. Il commença donc à enseigner le droit
romain de son autorité privée, ce qui n'empêche pas qu'il n'ait reçu depuis une autorité
publique de la comtesse Mathilde, comme dit
l'abbé d'Usperge, ou de l'empereur Lothaire II,
comme l'on croit communément.

Peu de tems après, c'est-à-dire l'an 1137 ou

environ, la ville d'Amalfi en Pouille ayant été
prise sur Roger, roi de Sicile, par les troupes de
l'empereur Lothaire, et du pape Innocent II,
avec le secours des Pisans, ils trouvèrent dans
le pillage un manuscrit du Digeste qu'ils portèrent à Pise, d'où il fut depuis porté à Florence
par Gino Caponi, lorsqu'il se rendit maître de
Pise, en 1407 : c'est ce qu'on appelle les Pandectes
Florentines, dont la découverte réveilla l'étude
du droit de Justinien ; car cet exemple fut toujours depuis considéré comme le plus authentique. On reconnaît à plusieurs marques qu'il est
de la main d'un Grec. Aussi la province où
il fut trouvé est celle de toute l'Italie où les
Grecs se sont maintenus plus long-tems. Les premiers, interprètes dans ce renouvellement du droit
romain, firent seulement des gloses, des ren-
vois et des concordances de lois, comme les
Grecs faisaient de leur côté sur les Basiliques.
Mais les Grecs eurent toujours cet avantage,
qu'ils avaient reçu le droit romain par tradition
de leurs pères, au lieu que l'usage en ayant été
long-tems interrompu en Occident, les Latins
ne pouvaient l'entendre que très-imparfaitement.
De là vint que, jugeant impossible, et même
inutile d'avoir une intelligence parfaite du texte,
ils s'appliquèrent à en tirer des conséquences, et

étudièrent le droit d'une méthode scholastique, pleine de chicanes et de fausses subtilités, comme on traitait alors toutes les sciences.

L'étude du droit de Justinien passa en France dès ces premiers tems, et on l'enseigna publiquement à Montpellier et à Toulouse avant que les universités y eussent été érigées. On voulut aussi l'enseigner à Paris; mais le pape Honorius III le défendit par une décrétale qui mérite d'être examinée.

Elle porte, qu'encore que l'église ne refuse pas le service des lois séculières qui suivent les traces de l'équité et de la justice, toutefois parce qu'en France, et en quelques provinces, les laïques ne se servent point des lois des empereurs romains, et qu'il se rencontrera rement des causes ecclésiastiques qui ne puissent être décidées par les canons; afin que l'on s'attache plus a l'étude de la Sainte-Ecriture, le pape défend à toutes sortes de personnes d'enseigner ou d'apprendre le droit civil à Paris, ou aux lieux circonvoisins, sur peine d'être interdit de la fonction d'avocat, et d'être excommunié par l'évêque diocésain.

Je n'examine point quelle a dû être en France l'autorité de cette décrétale, si elle obligeait les laïques, et si c'est la véritable cause de ce que, jusqu'à l'année 1679, il n'y a point eu de professeur de droit civil dans l'université de Paris;

je veux seulement relever quelques faits qui
servent à mon histoire. On voit dans cette décrétale que les ecclésiastiques mettaient les lois
séculières bien au-dessous des canons; que les
laïques et les ecclésiastiques vivaient encore sous
différentes lois au treizième siècle; et on peut
conclure de ces paroles, que les ecclésiastiques
suivaient le droit romain, parce qu'ils suivaient
leurs coutumes, telles que je les ai expliquées;
car, quoique le droit romain fût le fond et la
principale partie de ces coutumes, il y était si
mêlé, qu'il n'était plus connaissable. Mais il faut
surtout observer dans cette décrétale le nom de
France, car il est pris dans une signification fort
étroite, et, si je ne me trompe, pour l'Isle de
France seulement; en sorte que par les autres
provinces on entend la Normandie, la Bourgogne, et les parties plus septentrionales du
royaume : d'où l'on peut inférer que, dès ce
tems, on distinguait le pays coutumier du pays
de droit écrit.

Ce fut ainsi que le droit de Justinien revint
au monde, qu'il se rendit plus célèbre en Italie
qu'il n'avait jamais été, et s'étendit dans les
autres parties de l'Europe où il n'avait point encore été connu.

C'est un grand sujet d'admiration que ces livres
composés six cents ans auparavant à Constanti-

nople, où ils n'étaient plus suivis alors, ayant été en partie abolis par les Basiliques, ayant été reçus avec tant de vénération dans des pays où jamais l'Empereur n'avait commandé, comme l'Espagne, la France, l'Allemagne et l'Angleterre, sans que les puissances ecclésiastiques ou séculières les aient autorisés par aucune constitution, et que l'on se soit accoutumé à nommer ce qu'ils contiennent le droit écrit, le droit civil, ou le droit simplement, comme s'il n'y avait point d'autre droit considérable ! Voici toutefois les causes que j'imagine d'un événement si important.

Pendant la plus grande barbarie, on conserva toujours quelque usage de la langue latine, et quelques vestiges des mœurs romaines. Le moine Glaber, qui vivait dans le onzième siècle, appelle encore le pays des chrétiens, le monde romain, et nomme barbares les autres peuples. Il est vrai que les Francs et les autres peuples vainqueurs avaient un grand mépris pour ceux qui se disaient alors Romains, c'est-à-dire pour les sujets de l'empereur de Constantinople. Mais il ne laissait pas de rester une idée confuse que tout ce qu'avaient fait les anciens Romains était excellent, que leurs lois en particulier étaient fort sages, quoique les livres de ces lois fussent rares et peu connus. Le droit de Justinien fut donc bien reçu , comme étant l'ancien droit romain ; car les plus doctes de ce tems là n'en savaient pas assez pour le distinguer d'avec leur véritable loi romaine , qui était le Code théodosien , ni pour savoir en quel tems Justinien avait commandé , et de quelle autorité étaient ses constitutions. On regarda seulement le nom de l'empereur romain.

De plus l'utilité de ces lois était grande ; on y voyait les principes de la jurisprudence bien établis , non-seulement pour le droit particulier des Romains, mais encore pour les droits qui sont communs à toutes les nations ; car il n'y a guère de maxime du droit naturel ou du droit des gens qui ne se rencontre dans le Digeste ; on y trouve d'ailleurs un nombre infini de décisions particulières très-judicieuses. Mais il était principalement avantageux pour les princes, qui y trouvaient l'idée de la puissance souveraine en son entier, exempte des atteintes mortelles qu'elle avait reçues dans les derniers siècles. Ils y trouvaient même de quoi fonder de belles prétentions. L'empereur d'Allemagne avait droit à la monarchie universelle , suivant l'application que les docteurs lui faisaient de ce qui est écrit dans ces lois , et d'autres docteurs disaient aux rois qu'ils étaient empereurs dans leurs royaumes.

Enfin tout l'esprit de ces lois tendait à rendre les hommes plus doux, plus soumis aux puissances légitimes, et à ruiner les coutumes injustes et tyranniques que la barbarie y avait introduites. Il ne faut donc pas s'étonner si ce droit, qui fut d'abord mis au jour par la curiosité de quelques particuliers, et par l'autorité des savans, s'établit insensiblement par l'intérêt des princes et par le consentement des peuples.

Il a toutefois été reçu différemment, selon la disposition des pays. Les Italiens l'embrassèrent avec ardeur sitôt qu'il parut, parce que cela arriva dans un tems où, lassés de la domination des Allemands qu'ils tenaient pour barbares, quoiqu'ils ne le fussent guère moins eux-mêmes, ils s'efforçaient de rétablir le nom romain, et de rappeler la mémoire de leurs ancêtres, ou, pour mieux dire, des anciens Italiens. D'ailleurs ils ne craignaient plus, en devenant Romains, de devenir sujets de l'empereur de Constantinople, puisque ce fut environ dans le même tems que Constantinople fut prise par les Français ; et comme les deux empereurs d'Orient et d'Occident se trouvèrent alors entre les mains de ceux que l'on appelait d'un nom général, Francs ou Latins, pour les distinguer des Levantins et des Grecs, ce fut une grande raison pour étendre

les lois romaines par toutes leurs terres. Il est
vrai néanmoins que l'étude du droit romain est
entrée fort tard en Allemagne, et vers le quin-
zième siècle seulement ; mais aussi son autorité
s'y est répandue universellement, à cause du
nom de l'empire.

Pour nous renfermer dans la France, il a été
considéré comme loi qui oblige dans les lieux
où la loi romaine avait jeté, pour ainsi dire, les
plus profondes racines, comme le Languedoc,
le Dauphiné et le Lyonnais, parce que ces pays
avaient été les premières conquêtes des Romains,
et les dernières des Français, et parce que la
plus grande partie reconnaissait alors l'empereur
d'Allemagne comme souverain direct ; joint que
le voisinage de l'Italie leur donnait plus de commodité pour étudier le droit romain. De là vient
qu'encore que dans ces provinces il soit resté
beaucoup de coutumes différentes de ce droit,
elles n'y sont pas fort opposées, et ont peu d'é-
tendue. Au contraire, dans le reste de la France
les coutumes ont prévalu, et le droit romain n'est
point observé dans tous les cas où la coutume y
est contraire, qui sont en très-grand nombre.
C'est la différence du pays coutumier d'avec le
pays de droit écrit. De savoir si le droit romain
est le droit commun en pays coutumier, pour

les cas qui ne sont point exprimés par les coutumes, c'est une question fameuse agitée par
les savans des derniers tems : le président Liset
tenait l'affirmative ; le président de Thou la néga-
tive, et je ne sache pas qu'elle soit encore décidée.

L'étude du droit de Justinien apporta un grand
changement au droit français, qui ne consistait
alors qu'en coutumes. On jugea le droit romain
si nécessaire, tout mal entendu qu'il était, que
dans toutes les affaires on ne se servait plus que
de ceux qui l'avaient étudié, soit pour juger,
soit pour plaider, soit pour rédiger par écrit les
conventions et les traités ; de sorte que tous les
officiers de justice, jusqu'aux procureurs et
aux notaires étaient gradués en droit, et clercs
par conséquent ; car les laïques n'étudiaient pas
encore. Ces gens, soit pour se rendre nécessaires, soit de bonne foi, croyant faire mieux
que leurs prédécesseurs, changèrent toutes les
formules des actes publics. Jusque-là ils étaient
simples et n'avaient rien de superflu, sinon quelques mauvais préambules : mais depuis l'an 1250
ou environ, on commença à charger les actes
d'une infinité de clauses, de conditions, de restrictions, de renonciations et de protestations,
pour se mettre à couvert des règles les plus gé-

nérales , et bien souvent de celles qui ne pouvaient convenir aux parties ; enfin on exprimait
ce qui se serait mieux entendu sans en faire mention. L'esprit de défiance qui régnait alors , et
qui était sans doute un reste des hostilités passées,
faisait estimer ces cautelles , car on les appelait
ainsi ; et celui-là passait pour le plus habile qui
en mettait le plus , et qui faisait les actes les plus
prolixes.

Ce même esprit apporta un grand changement dans l'instruction et dans le jugement des
procès. Ils se décidaient auparavant avec peu de
cérémonie par les seigneurs , et par ceux qui
avaient le plus d'expérience des coutumes ; mais
depuis ce tems on les embarrassa d'une infinité
de procédures et de délais : en sorte que l'on ne
pouvait plus les terminer sans le secours des
clercs et des docteurs ; de là sont venus les lieu-
tenans des baillifs et des sénéchaux, et les autres
juges de robe-longue.

L'étude du droit romain eut ses avantages
aussi-bien que ses inconvéniens ; elle adoucit la
dureté des coutumes , et établit des maximes
certaines , sur lesquelles on peut raisonner d'un
cas à l'autre. Depuis ce tems on a cessé d'alléguer , et même de lire les anciennes lois des
barbares. Au tems que l'on commença d'étudier

le droit romain, on les connaissait encore, puisqu'Otton de Frisingue dit que de son tems les
plus nobles des Français suivaient la loi salique;
et l'auteur du second livre des fiefs dit que les
causes se jugeaient en Italie, ou par les lois romaines, ou par les lois des Lombards, ou par
les coutumes du royaume, c'est-à-dire, à ce qu'on
croit, de l'empire d'Allemagne. Depuis ces lois
anciennes ont disparu, et du tems de Philippe
de Valois, où l'on prétend que la loi salique fut
de si grand usage pour la succession de la cou-
ronne, on n'alléguait point ses paroles comme
d'une loi écrite, mais seulement sa force comme
d'une coutume inviolable. On ne se servait point
même du nom de loi salique, et le premier qui
en ait parlé, que je sache, est Claude de Seissel,
évêque de Marseille, sous Louis XII. Les coutumes reçurent donc un changement notable,
tant par les nouveaux usages qui s'introduisirent
dans les traités et dans les jugemens, que par
les maximes nouvelles qui furent alors reçues ou
éclaircies; et c'est ce mélange du droit romain
avec les coutumes, qui fait le droit français
d'aujourd'hui.

Il reste à voir en quelle forme ce droit est venu
jusqu'à nous, c'est-à-dire comment on a rédigé
les coutumes par écrit. La diversité des cou-

tumes devint fort embarrassante lorsque les provinces furent réunies sous l'obéissance du roi ,
et que les appellations au parlement devinrent
fréquentes. Comme les juges d'appel ne pouvaient savoir toutes les coutumes particulières,
qui n'étaient point écrites en formes authentiques, il fallait ou que les parties en convins-
sent, ou qu'elles en fissent preuve par témoins.
Il arrivait de là que toutes les questions de droit
se réduisaient en faits, sur lesquels il fallait
faire des enquêtes par turbes , fort incommodes
pour la dépense et pour la longueur. Encore ces
enquêtes n'étaient pas un moyen sûr de savoir
la véritable coutume, puisqu'elles dépendaient
de la diligence ou du pouvoir des parties , de
l'expérience et de la bonne foi des témoins.
D'ailleurs il se trouvait quelquefois preuve égale
de deux coutumes directement opposées dans
un même lieu, sur un même sujet. L'on peut
juger combien cette commodité de se faire un
droit tel que l'on en avait besoin faisait entre-
tenir de faux témoins, et combien l'étude de la
jurisprudence était ingrate, puisqu'après qu'un
homme y avait appris le droit écrit avec beaucoup de travail, ou que, par sa méditation, il
avait tiré de bonnes conséquences sur des principes bien établis, il ne fallait, pour ruiner toutes

ses autorités et toutes ses raisons, qu'alléguer une coutume contraire et souvent fausse. Enfin les coutumes étaient très-incertaines en elles-mêmes, tant par l'injustice des baillifs et des prevôts qui les méprisaient pour exécuter leurs volontés, que par la présomption de ceux qui s'attachaient plus à leurs opinions particulières qu'à ce qu'ils avaient appris par la tradition de leurs anciens. C'est ainsi qu'en parlait Pierre de Fontaines, dès le tems de Saint-Louis, se plaignant que son pays était presque sans coutumes, et qu'à peine en pouvait-on trouver un exemple assuré par l'avis de trois ou quatre personnes.

Je crois que l'étude du droit romain y contribua; comme il était estimé universellement, sans être bien entendu ni légitimement autorisé, chacun en suivait ce qu'il voulait ou ce qu'il pouvait. D'ailleurs les plus savans en lois n'étaient pas toujours les plus expérimentés dans les coutumes, qui ne s'apprennent que par l'usage des affaires; et toutefois leurs opinions étaient respectées et suivies dans les jugemens, et il y en a grand nombre qui ont passé en coutume.

L'écriture était le seul moyen de fixer les coutumes, et de les rendre certaines malgré leur diversité : aussi commença-t-on à les écrire sitôt que les désordres qui les avaient produites furent un peu calmés, et que le tems les eut un peu affermies, c'est-à-dire sur la fin du onzième siècle; et quoiqu'il nous reste peu de mémoires de rédactions si anciennes, je présume toutefois que ce qui paraît avoir été fait en un pays s'est aussi fait ailleurs, et que le tems et les rédactions postérieures ont fait périr la plupart des plus anciennes. La première que je connaisse est celle des usages de Barcelonne, par l'autorité du comte Raimond Bérenger-le-Vieux, en 1060. Les anciens fors de Béarn étaient pour le moins du même tems, puisqu'ils furent confirmés en 1088, par le vicomte Gaston IV. Vers le même tems, c'est-à-dire en 1080 ou environ, Guillaume-le-Bâtard ayant acquis l'Angleterre, fit assembler les plus nobles et les plus sages de chaque comté, et, sur leur témoignage, fit rédiger les anciennes coutumes des Anglais-Saxons et des Danois qui étaient mêlés avec eux. Ce fut l'archevêque d'York et l'évêque de Londres qui les écrivirent de leur propre main. Je mets au nombre de ces coutumes rédigées les livres des fiefs des Lombards, composés vers l'an 1150, par deux consuls de Milan : ils portent le titre de coutumes, et ne sont en effet que des usages anciens recueillis par des juges expérimentés.

15

On y peut aussi rapporter le miroir du droit de Saxe, ou *Sachs Senspiegel*, qui est le plus ancien original du droit d'Allemagne, bien que, suivant l'opinion des plus doctes, il n'ait été écrit que vers l'an 1220.

En France on écrivit les coutumes vers le même tems, et ces premiers écrits furent principalement de trois sortes : les chartes particulières des villes, les coutumiers des provinces et les traités des praticiens. Examinons - les en particulier.

Vers la fin du douzième siècle, et pendant tout le treizième, on écrivit les droits des coutumes de plusieurs villes dont les chartres ont été, comme je crois, les premiers originaux de nos coutumes. Je ne parlerai que de celles que j'ai vues ou entières ou énoncées dans les histoires, et ce peu suffira pour faire juger des autres.

La plus ancienne est la charte de la commune de Beauvais, donnée par le roi Louis-le-Jeune, en 1144, qui contient l'expression de plusieurs coutumes concernant la juridiction du Maire et des Pairs. Elle ne porte que confirmation de ces droits déjà accordés par Louis-le-Gros ; mais on n'en rapporte point les lettres, et peut-être n'était-ce qu'une concession verbale. De même on prétend que Guillaume Talvas, comte de Ponthieu, accorda le droit de commune à Abbeville vers l'an 1130, quoique la charte de Jean II, qui est rapportée, ne soit que de l'année 1184.

Je trouve aussi qu'en 1173, Henri I, roi d'Angleterre, permit aux habitans de Bordeaux d'élire un maire. En 1187, Hugues, duc de Bourgogne, accorda aux habitans de Dijon le droit de commune, semblable à celle de Soissons, qui par conséquent est plus ancienne, mais dont la charte n'est point datée. Celle de la comté de Beaune est de 1203 ; celle de Bar-sur-Seine de 1234 ; celle de Semur de 1276. Je pourrais en rapporter de plusieurs autres lieux moins considérables. Je mets en ce rang l'établissement fait à Rouen en 1205, entre les clercs et les barons de Normandie, qui contient plusieurs coutumes touchant la juridiction ecclésiastique, certifiées par les experts ; la charte de Rouen, donnée par le roi Philippe-Auguste en 1207, qui est la confirmation des anciens droits et priviléges de cette ville, pour ce qui regarde la commune et le trafic ; enfin l'établissement de la commune de Rouen, de Falaise et du Ponteau-de-Mer, qui est sans date, mais qui semble être plus ancienne,

15*

et règle la création et le pouvoir du maire et
des échevins.

Outre ces titres particuliers à chaque ville,
on commença aussi à écrire les coutumes des
provinces entières, et c'est le second genre d'é-
crits que j'ai marqué. Telles sont les anciennes
coutumes de Champagne publiées par Pithou;
celles de Bourgogne qui se trouvent dans le
recueil de du Peyrat; les coutumes notoires du
châtelet publiées par Brodeau, qui sont la plupart des résultats d'enquêtes par turbes, faites
depuis l'an 1300 jusqu'en 1387; l'ancienne coutume de Normandie, celle d'Anjou, les anciens
usages d'Amiens, et plusieurs autres qui se trouvent encore en manuscrits; mais les plus considérables sont les établissemens de Saint-Louis donnés par M. du Cange, qui contiennent les coutumes
de Paris, d'Orléans et d'Anjou, telles qu'elles
étaient alors : le nom d'établissement signifie édit
ou ordonnance. Pierre de Fontaines, qui vivait du
même tems, le fait voir, puisque, traduisant une
loi du Digeste, il appelle l'édit du préteur ban
et établissement. Je le mets toutefois au rang
des coutumes, parce que la préface porte expressément qu'ils sont faits pour confirmer les
bons usages et les anciennes coutumes, avec

quelques corrections tirées des lois et des canons. Saint-Louis les fit en l'année 1270, avant
son voyage d'Afrique.

La troisième espèce d'écrits qui contiennent
les mêmes choses, et peuvent passer pour les
originaux de nos coutumes, sont les ouvrages
que quelques particuliers habiles composèrent
en ce même tems pour l'instruction des autres ;
comme le conseil de Pierre de Fontaines donné
par M. du Cange, le livre à la Reine blanche,
que l'on croit être du même auteur ; les coutumes de Beauvoisis, composées par Philippe
de Beaumanoir, en 1285 ; la Somme rurale de
Bouteiller ; le grand coutumier composé sous
le règne de Charles VI, et les décisions de Jean
des Mates, que Brodeau a publiées avec les coutumes notoires. J'estime que les cahiers des coutumes dont on s'est servi aux rédactions solennelles ont été dressés sur ces originaux ; c'est
pourquoi je crois devoir dire ce qu'ils contiennent.

Les mots d'*us* et *coutumes*, *fors* et *coutumes*,
franchises et *priviléges*, ne sont pas synonymes,
comme on le pourrait juger. Le nom de coutumes signifie quelquefois les usages, et en ce
sens il est opposé à celui de fors, qui signifie le
privilége des communautés, et ce qui regarde

le droit public. Quelquefois on oppose les *coutumes* aux *us*, et alors elles signifient les droits particuliers de chaque lieu, principalement les redevances envers les seigneurs, et les *us* signifient les maximes générales. Les franchises sont principalement les exemptions des droits de servitude, comme de main-mortes ou de formariages, pour remettre des serfs dans le droit commun ; et les priviléges sont des droits attribués à des personnes franches, outre ce qu'elles avaient de droit commun, comme le droit de commune et de banlieue, l'usage d'une forêt, l'attribution de causes à une certaine juridiction. Il se peut faire toutefois qu'en différens pays ces mots d'*us*, *coutumes* et les autres aient été pris en des significations différentes, et je ne prétends point que l'on prenne à la rigueur mes définitions.

La matière de ces anciens originaux des coutumes sont principalement les nouveaux droits établis pendant les tems de désordre. Premièrement les droits du prince, du comte et des autres seigneurs ; la juridiction des seigneurs et celle des communes ; ensuite le droit des fiefs, les censives, les bannalités et les autres droits seigneuriaux ; les gistes, les fournitures et les corvées que les communes devaient aux seigneurs ;

la différence des gentilshommes et des gentils-
femmes, d'avec les vilains francs ou serfs; le
droit de guerre, le droit de duel et des champions. Ce que l'on y voit le plus au long sont
les formalités de justice et la procédure du tems,
suivant le style de cour laie; car ils ne manquaient
jamais d'observer cette distinction, à cause de la
juridiction ecclésiastique qui était alors la plus
étendue. Ainsi l'on voit que ceux qui ont rédigé ces coutumes ont toujours supposé un
autre droit, par lequel on se devait régler dans
tout le reste, comme dans les matières de contrats et de successions, et n'ont prétendu marquer que ce qui dérogeait au droit commun. Je
ne vois pas quel pouvait être ce droit commun,
si ce n'était le droit romain; aussi le citent-ils
fréquemment sous le nom de lois, et de lois
écrites. Bien qu'alors on écrivît presque tout en
latin, ces coutumes ont été écrites en français,
comme traitant de matières qui ne pouvaient
être bien expliquées qu'en langue vulgaire, et
qui devaient être entendues de tout le monde.
On peut observer dans ces écrits les changemens de notre droit. Les plus anciens tiennent
beaucoup de la dureté des lois des barbares. Il
y est souvent parlé de plaies à sang, de mutilation de membres, d'amendes pour les forfaits,

d'assurement ou sauve-garde, d'infraction de paix. Ce qui est écrit depuis trois cents ans approche plus du droit romain et de la jurisprudence d'aujourd'hui. On y voit des questions touchant les successions et les testamens, les mariages et les autres contrats, et beaucoup de formalités de procédure. Je me suis étendu sur ces anciens originaux, parce que des personnes très-capables jugent que ce sont les meilleurs commentaires des coutumes, d'autant qu'on y peut voir leur esprit et la suite de leur changement.

Tous ces écrits n'empêchaient pas que le droit coutumier ne fût encore incertain, parce qu'ils étaient sans autorité, ou trop anciens, ou trop succincts; c'est pourquoi on jugea nécessaire de rédiger les coutumes par écrit, plus exactement et plus solennellement. Le dessein en fut formé sous le règne de Charles VII, qui, après avoir chassé les Anglais de toute la France, entreprit une réformation générale de toutes les parties de son état, et fit entre autres une grande ordonnance, datée de Moutil-les-Tours, en 1453, dont le 123 article porte, que toutes les coutumes seraient écrites et accordées par les praticiens de chaque pays, puis examinées et autorisées par le grand conseil et par le parlement, et que toutes les coutumes ainsi rédigées et approuvées seraient observées comme lois, sans qu'on en pût alléguer d'autres.

Du Moulin dit que le dessein était d'amasser toutes les coutumes ensemble pour n'en faire qu'une loi générale , et que la rédaction de chaque coutume en particulier n'était que provisionnelle , afin que les peuples eussent quelque chose de certain pendant que l'on travaillerait à la réformation générale. C'était la meilleure voie qu'on pût tenir pour donner à la France de bonnes lois , et c'est celle que les anciens législateurs ont suivie. Platon dit que, comme les états ont été formés de plusieurs familles jointes ensemble , les lois ont été composées des coutumes de ces familles , entre lesquelles quelque sage a choisi les plus raisonnables pour les rendre communes à tout l'état , abolissant quelque chose de particulier à chaque famille dans les matières moins importantes. On eût pu faire la même chose en France , considérant chaque petite province comme une famille à l'égard de ce grand état. C'est ce que du Moulin dit que l'on voulait faire , lui qui le pouvait savoir par une tradition prochaine , et Philippe de Comines semble le prouver , lorsqu'il dit que le roi Louis XI désirait fort qu'en ce royaume on usât d'une coutume, d'un poids, d'une mesure, et que toutes les coutumes fussent mises eu français dans un beau livre; ce sont ces termes. Il n'y a eu jusqu'à présent que la première partie de ce grand dessein exécuté, c'est-à-dire la rédaction des coutumes, encore s'est-elle faite fort lentement, et n'a été achevée que plus de cent ans après la mort de Charles VII.

La plus ancienne est la rédaction de la coutume de Ponthieu faite sous Charles VIII, et de son autorité en 1495. Il y en eut plusieurs sous Louis XII. Depuis l'an 1507, l'on continua à diverses reprises, sous François Ier et sous Henri II; et il s'en trouva encore quelques-unes à rédiger sous Charles IX. Si l'on veut compter ces coutumes, on en trouvera jusqu'à 285, en y comprenant les coutumes locales, et celles des pays voisins, comme les Pays-Bas, où on les a rédigées, à l'imitation de la France, et ne comptant que les coutumes principales du royaume, on en trouvera bien 60, la plupart fort différentes.

On s'aperçut, vers l'an 1580, qu'il était arrivé beaucoup de changemens depuis les rédactions qui avaient été faites au commencement du même siècle, et qu'il y avait des omissions considérables; de sorte que l'on réforma plusieurs coutumes, comme celles de Paris, d'Orléans, d'Amiens, ce qui se fit avec les mêmes cérémonies que les premières rédactions.

Il est nécessaire, pour bien entendre les coutumes, de connaître ces cérémonies, quoique tout le monde le puisse voir dans les procès-verbaux ; la lecture en est si ennuyeuse, que j'ai cru les devoir marquer ici. Premièrement le roi donnait des lettres-patentes en vertu desquelles on faisait assembler par députés les trois états de la province. Le résultat de la première assemblée était d'ordonner à tous les juges royaux, aux greffiers, à ceux qui l'avaient été, et aux maires et échevins des villes, d'envoyer les mémoires des coutumes, des usages et des styles qu'ils avaient vu pratiquer de tout tems. Les états choisissaient quelques notables en petit nombre, entre les mains de qui l'on remettait ces mémoires pour les mettre en ordre et en composer un seul cahier. Ensuite on lisait ce cahier dans l'assemblée des états, pour examiner si les coutumes étaient telles qu'on les avait rédigées, pour en accorder les articles ou les changer, s'il était besoin ; enfin on les envoyait au parlement pour y être enregistrées. Cet ordre est expliqué dans le procès-verbal de la coutume de Ponthieu, qui est, comme j'ai dit, la première rédigée, et qui le fut par des

officiers des lieux. La plupart des autres ont été
rédigées par des commissaires tirés du corps du
parlement, c'est-à-dire que ces commissaires ont
présidé à l'assemblée des états où se faisait la lecture des cahiers ; mais il ne faut pas croire qu'ils
aient composé ces cahiers, ni qu'ils aient pu les
corriger à loisir. C'était l'ouvrage des praticiens
de chaque siége, qui sans doute avaient suivi les
autres écrits plus anciens dont j'ai parlé. On ne
doit point attendre de ces gens là ni politesse
ni méthode ; et il était impossible de penser à
l'arrangement ni au style lorsqu'on lisait ces
cahiers dans les assemblées : c'était bien assez d'y
pouvoir établir les choses en substance ; car on
est toujours pressé en ces rencontres. Il ne faut
donc pas s'étonner si les coutumes sont rédigées
avec si peu d'ordre et d'un style si peu exact,
quoique les commissaires dont on voit les noms
en tête aient été de grands personnages.

Il ne me reste qu'à parler des ordonnances.
Nous n'appelons ainsi que celles des rois de la
troisième race : les autres sont plus connues sous
le nom des Capitulaires, et font partie de ce que
j'appelle l'ancien droit français. Toutefois le nom
d'ordonnance semble avoir pris son origine du
réglement que Charlemagne faisait tous les ans
pour l'ordre de son état et de sa maison, car

on a long-tems continué d'user de ce mot, et du tems de Saint-Louis on appelait encore ordonnance ce qu'on appelle aujourd'hui l'état de la maison du roi. Depuis on l'a étendu à toutes les lettres-patentes par lesquelles le roi propose quelque loi générale ; mais je n'en vois point de telle avant Saint-Louis. On ne nous rapporte de ses prédécesseurs que des chartes de priviléges et de réglemens particuliers en faveur des églises, des communes, des villes ou des universités. Mais il semble qu'ils ne faisaient point ces actes comme rois, puisque les seigneurs en faisaient de semblables dans leurs terres, et la plupart de ces anciens réglemens ayant passé en coutumes, ont été compris dans les rédactions. S'il y avait quelque droit nouveau à établir, ou quelque question importante à décider, le roi le faisait dans l'assemblée de ses barons, et les seigneurs en usaient de même à proportion avec leurs vassaux : ainsi c'était comme une convention entre eux tous, ou un jugement donné par leur conseil. On peut donner pour exemple de ces conventions *l'assise du comte Geoffroy*, qui est un réglement fait en Bretagne pour les successeurs des nobles, en 1287, et un ancien réglement de Philippe-Auguste, pour la mouvance des fiefs partagés, fait en 1210, du consentement de plusieurs seigneurs dont le nom est mis en tête de l'acte aussi-bien que celui du roi. Pour exemples des jugemens solennels, nous avons les anciens arrêts rapportés par du Moulin à la fin du style du parlement. Ils sont nommés indifféremment édits ou arrêts; de sorte que le mot d'argent signifiait simplement le résultat d'une délibération, et comme on dirait aujourd'hui un arrêté. C'est peut-être l'origine de la grande autorité que le commun des praticiens donnent aux arrêts, les considérant comme des lois; joint qu'avant la rédaction des coutumes il n'y avait point de meilleure preuve de l'usage qu'un grand nombre d'arrêts conformes; d'où vient qu'à la fin des anciens manuscrits des coutumes, on trouve d'ordinaire des arrêts de la cour souveraine du pays.

Les ordonnances de Saint-Louis ont paru si considérables, que les auteurs de sa vie les ont rapportées dans leurs histoires. Il y en a sur plusieurs matières. Pour la religion, contre les juifs, contre les blasphémateurs, contre les entreprises des ecclésiastiques. Pour la justice, du devoir des baillifs et des autres officiers. Pour la police, contre les lieux publics de jeu et de débauche. On pourrait aussi marquer ce que contiennent les ordonnances des autres rois;

mais ce serait faire l'histoire de France par les
ordonnances, ce que je n'ai pas entrepris. On
peut voir les tables chronologiques de la con-
férence de Guenois; je dirai seulement que
presque toutes regardent le droit public, et rè-
glent les droits du roi et le pouvoir des officiers.
De là vient que le nombre des édits a été sans
comparaison plus grand depuis le commencement du règne de François Ier que dans
tous les tems précédens, parce que depuis ce
tems l'on a établi la plupart des subsides, et créé
la plupart des offices en titre pour les rendre
vénaux. Il y a aussi grand nombre d'ordonnances
pour régler les procédures et les formalités de
justice; mais il y en a peu qui contiennent des
règles pour les affaires des particuliers, et des
maximes de jurisprudence. Ainsi l'utilité du droit
romain n'est pas moindre que quand on recom-
mença à l'étudier; quoiqu'il n'y eût alors ni coutumes écrites ni ordonnances; car si d'un côté
l'on a aboli expressément quelques maximes,
comme le privilége du sénatus-consulte Velleïen,
on en a reçu d'autres expressément, comme la
disposition de la loi *Hac edictali. cod. de se-
cundis nuptiis*, qui se trouve avec des explica-
tions et des ampliations dans l'édit des secondes
noces, et toutes les ordonnances ont été com-

posées par des gens savans dans le droit romain.

Les plus solennelles sont celles qui ont été faites dans les assemblées d'états, comme celles de Moulins et de Blois. Les parlemens et les autres compagnies dont la juridiction est souveraine, parce que le roi y est réputé présent, étaient en possession d'examiner les édits qui leur étaient adressés, et de faire des remontrances avant que d'en ordonner la publication, quand ils le jugeaient à propos; mais cet usage a été aboli, et ces compagnies étaient obligées d'enregistrer et de publier tout ce que le roi leur envoyait, sauf à faire ensuite leurs remontrances.

Voilà ce que j'ai pu recueillir de plus certain de l'histoire du droit français. Si quelqu'un veut s'appliquer à cette recherche, je ne doute pas qu'il ne découvre beaucoup plus; mais je serai content si ceux que leur profession oblige à savoir notre droit sont excités par cet écrit à en connaître les sources.

FIN.